Recordações da mediunidade

Yvonne A. Pereira

Recordações da mediunidade

Obra mediúnica orientada pelo Espírito
Adolfo Bezerra de Menezes

Copyright © 1966 *by*
FEDERAÇÃO ESPÍRITA BRASILEIRA – FEB

12ª edição – 12ª impressão – 2 mil exemplares – 3/2024

ISBN 978-85-7328-719-6

Todos os direitos reservados. Nenhuma parte desta publicação pode ser reproduzida, armazenada ou transmitida, total ou parcialmente, por quaisquer métodos ou processos, sem autorização do detentor do *copyright*.

FEDERAÇÃO ESPÍRITA BRASILEIRA – FEB
SGAN 603 – Conjunto F – Avenida L2 Norte
70830-106 – Brasília (DF) – Brasil
wwww.febeditora.com.br
editorial@febnet.org.br
+55 61 2101 6161

Pedidos de livros à FEB
Comercial
Tel.: (61) 2101 6161 – comercial@febnet.org.br

Adquirindo esta obra, você está colaborando com as ações de assistência e promoção social da FEB e com o Movimento Espírita na divulgação do Evangelho de Jesus à luz do Espiritismo.

Dados Internacionais de Catalogação na Publicação (CIP)
(Federação Espírita Brasileira – Biblioteca de Obras Raras)

P436r   Pereira, Yvonne do Amaral, 1900–1984

　　　　　Recordações da mediunidade / Yvonne A. Pereira; obra mediúnica orientada pelo Espírito Adolfo Bezerra de Menezes. – 12. ed. – 12. imp. – Brasília: FEB, 2024.

　　　　　212 p.; 23 cm – (Coleção Yvonne A. Pereira)

　　　　　ISBN 978-85-7328-719-6

　　　　　1. Mediunidade. 2. Espiritismo. I. Menezes, Bezerra de (Espírito). II. Federação Espírita Brasileira. III. Coleção.

　　　　　　　　　　　　　　　　　　　　　CDD 133.9
　　　　　　　　　　　　　　　　　　　　　CDU 133.7
　　　　　　　　　　　　　　　　　　　　　CDE 30.03.00

Sumário

Introdução 7

Faculdades em estudo 11
Faculdade nativa 23
Reminiscências de vidas passadas 33
Os arquivos da alma 57
Materializações 79
Testemunho 95
Amigo ignorado 111
Complexos psíquicos 125
Premonições 149
O complexo obsessão 171

Introdução

Muitas cartas temos recebido, principalmente depois que saiu a lume o nosso livro *Devassando o invisível*, onde algo relatamos do que conosco há sucedido, referência feita ao nosso âmbito mediúnico. Desejariam os nossos correspondentes que outro noticiário naqueles moldes fosse escrito, que novos relatórios viessem, de algum modo, esclarecer algo do obscuro campo mediúnico, esquecidos de que o melhor relatório para instrução do espírita e do médium são os próprios compêndios da Doutrina, em cujos textos os médiuns se habilitam para os devidos desempenhos. Confessamos, entretanto, que não atenderíamos aos reiterados alvitres que nos fizeram os nossos amigos e leitores se não fora a ordem superior recebida para que o tentássemos, ordem que nos decidiu a dar o presente volume à publicidade. Como médium, jamais agimos por nossa livre iniciativa, senão fortemente acionada pela vontade positiva das entidades amigas que nos dirigem, pois entendemos que o médium por si mesmo nada representa e que jamais deverá adotar a pretensão de realizar isto ou aquilo sem antes observar se, realmente, é influenciado pelas verdadeiras forças espirituais superiores.

Disseram-nos os nossos instrutores espirituais há cerca de seis meses, quando aguardávamos novas ordens para o que ainda tentaríamos no ângulo da mediunidade psicográfica:

Narrarás o que a ti mesma sucedeu, como médium, desde o teu nascimento. Nada mais será necessário. Serás assistida pelos superiores do Além durante o decorrer das exposições, que por eles serão selecionadas das tuas recordações pessoais, e escreverás sob o influxo da inspiração.

E por essa razão aí está o livro *Recordações da mediunidade*, porque estas páginas nada mais são que pequeno punhado de recordações da nossa vida de médium e de espírita.

Muito mais do que aqui fica poderia ser relatado. Podemos mesmo dizer que nossa vida foi fértil em dores, lágrimas e provações desde o berço. Tal como hoje nos avaliamos, consideramo-nos testemunho vivo do valor do Espiritismo na recuperação de uma alma para si mesma e para Deus, porque sentimos que absolutamente não teríamos vencido, nas lutas e nos testemunhos que a vida exigiu das nossas forças, se desde o berço não fôramos acalentados pela proteção vigorosa da Revelação celeste denominada Espiritismo. Poderíamos, pois, relatar aqui também as recordações do que foi o amargor das lágrimas que choramos durante as provações, as peripécias e humilhações que nos acompanharam em todo o decurso da presente existência, e os quais a Doutrina Espírita remediou e consolou. No entanto, para que tal explanação pudesse ser feita seria necessário apontar ou criticar aqueles que foram os instrumentos para a dor dos resgates que urgia realizássemos, e não foram acusações ao próximo que aprendemos nos códigos espíritas, os quais antes nos ensinaram o amor, a fraternidade e o perdão. Encobrindo, pois, as personalidades que se tornaram pedra de escândalo para a nossa expiação e olvidando os seus atos para somente tratarmos da sublime tese espírita, é o testemunho do perdão que aqui deixamos, único testemunho, ao demais, que nos faltava apresentar e o qual os nossos ascendentes espirituais de nós exigem no presente momento.

Ao que parece, o presente livro é a despedida da nossa mediunidade ao público. Obteremos ainda outros ditados do Além? É bem possível que não, é quase certo que não. O mais que ainda poderá acontecer é a publicação de temas antigos conservados inéditos até hoje, porquanto nunca tivemos pressa na publicação das nossas produções mediúnicas, possuindo ainda, arquivados em nossas gavetas, trabalhos obtidos do Espaço há mais de vinte anos.

As fontes vitais que são o veículo da mediunidade: fluido vital, fluido nervoso, fluido magnético, já se esgotam em nossa organização física. O próprio perispírito encontra-se traumatizado, cansado, exausto. As dores morais, ininterruptamente renovadas, sem jamais permitirem um único dia de verdadeira alegria, e o longo exercício de uma mediunidade positiva, que se desdobrou em todos os setores da prática espírita, esgotaram aquelas forças, que, realmente, tendem a diminuir e a se extinguirem em todos os médiuns, após certo tempo de labor. Se assim for, consoante fomos advertidos pelos nossos maiores espirituais e nós mesmos o sentimos, estaremos tranquilos, certos de que nosso dever nos campos espíritas foi cumprido, embora por entre espinhos e lutas, e, encerrando nossa tarefa mediúnica literária na presente jornada, cremos que poderemos orar ao Criador, dizendo:

— Obrigada, meu Deus, pela bênção da mediunidade que me concedeste como ensejo para a reabilitação do meu Espírito culpado. A chama imaculada que do Alto me mandaste, com a revelação dos pontos da tua Doutrina, a mim confiados para desenvolver e aplicar, eu ta devolvo, no fim da tarefa cumprida, pura e imaculada conforme a recebi: amei-a e respeitei-a sempre, não a adulterei com ideias pessoais porque me renovei com ela a fim de servi-la; não a conspurquei, dela me servindo para incentivo às próprias paixões, nem negligenciei no seu cultivo para benefício do próximo, porque todos os meus recursos pessoais utilizei na sua aplicação. Perdoa, no entanto, Senhor, se melhor não pude cumprir o dever sagrado de servi-la, transmitindo aos homens e aos Espíritos menos esclarecidos do que eu o bem que ela própria me concedeu.

E, assim sendo, neste crepúsculo da nossa penosa marcha terrena recordamos e aqui deixamos, aos leitores de boa vontade, parcelas de nós mesmos, nas confidências que aí ficam registradas, patrimônio sagrado de quem nada mais, nada mais, nem mesmo um lar, possuiu neste mundo. E aos amados guias espirituais que nos amaram e sustentaram na jornada espinhosa que se apaga, o testemunho da nossa veneração.

Yvonne A. Pereira
Rio de Janeiro (RJ), 29 de junho de 1966.

Faculdades em estudo

Por meio de cuidados dispensados a tempo, podem reatar-se laços prestes a se desfazerem e restituir-se à vida um ser que definitivamente morreria se não fosse socorrido?

Sem dúvida e todos os dias tendes a prova disso. O magnetismo, em tais casos, constitui, muitas vezes, poderoso meio de ação, porque restitui ao corpo o fluido vital que lhe falta para manter o funcionamento dos órgãos.

(*O livro dos espíritos*, Allan Kardec, q. 424.)

*

Além desse interessante tópico do livro áureo da filosofia espírita, pedimos vênia aos prováveis leitores destas páginas para também transcrever o comentário de Allan Kardec, situado logo após a questão acima citada, uma vez que temos por norma, aconselhada pelos instrutores espirituais, basear o relatório das nossas experiências espíritas em geral no ensinamento das entidades que revelaram a Doutrina Espírita a Allan Kardec. Diz o citado comentário:

A letargia e a catalepsia derivam do mesmo princípio, que é a perda temporária da sensibilidade e do movimento, por uma causa fisiológica ainda inexplicada. Diferem uma da outra em que, na letargia, a suspensão das forças vitais é geral e dá ao corpo todas as aparências da morte; na catalepsia, fica localizada, podendo atingir uma parte mais ou menos extensa do corpo, de sorte a permitir que a inteligência se manifeste livremente, o que a torna inconfundível com a morte. A letargia é sempre natural; a catalepsia é por vezes magnética.[1]

Por sua vez, respondendo a uma pergunta que lhe fizemos acerca de determinados fenômenos espíritas, o venerável Espírito Adolfo Bezerra de Menezes disse-nos o seguinte, pequena lição que colocamos à disposição do leitor para observação e meditação:

— Podereis dizer-nos algo sobre a catalepsia e a letargia? — perguntamos — pois o que conhecemos a respeito é pouco satisfatório.

E a benemérita entidade respondeu:

— Quem for atento ao edificante estudo das Escrituras Cristãs encontrará em o Novo Testamento de N. S. Jesus Cristo, exatamente nos capítulos 9, de *Mateus*; 5, de *Marcos*; 8, de *Lucas*, e 11, de *João*, versão do padre Antônio Pereira de Figueiredo, a excelente descrição dos fenômenos de catalepsia (talvez os fenômenos sejam, de preferência, de letargia, segundo as análises dos compêndios espíritas acima citados) ocorridos no círculo messiânico e registrados pelos quatro cronistas do Evangelho, lembrando ainda o caso, igualmente empolgante, do filho da viúva de Naim, caso que nada mais seria do que a mesma letargia, ou catalepsia.

"A ciência moderna oficial, a Medicina, conhece a catalepsia e a letargia, classifica-as, mas não se interessa por elas, talvez percebendo não ser da

---

[1] Nota da autora: A bibliografia espírita é copiosa nas referências às experiências sobre a catalepsia e a letargia e interessante será o seu estudo para o aprendiz dedicado.

sua alçada o fato de curá-las. A ciência psíquica, no entanto, assim também a Doutrina Espírita, não só as conhecem como se interessam grandemente por elas, pois que as estudam, tirando delas grandes ensinamentos e revelações acerca da alma humana, e por isso podem curá-las e até evitá-las, ao mesmo tempo que também poderão provocá-las, contorná-las, dirigi-las, orientá-las e delas extrair conhecimentos esplendentes para a instrução científico-transcendente em benefício da humanidade. Se os adeptos encarnados dessa grande revelação celeste — a Doutrina Espírita — não curam, no presente momento, as crises catalépticas do próximo, as quais até mesmo uma obsessão poderá provocar, será porque elas são raras ou, pelo menos, ignoradas, ou porque, lamentavelmente, se descuram da instrução doutrinária necessária à habilitação para o importante certame.

"A catalepsia, tal como a letargia, não é uma enfermidade física, mas uma faculdade que, como qualquer outra faculdade medianímica insipiente ou incompreendida, ou ainda descurada e mal orientada, se torna prejudicial ao seu possuidor. Como as demais faculdades, suas companheiras, a catalepsia e a letargia também poderão ser exploradas pela mistificação e pela obsessão de inimigos e perseguidores invisíveis, degenerando então em um estado mórbido do chamado perispírito, tendência viciosa das vibrações perispirituais para o aniquilamento, as quais se recolhem e fecham em si mesmas como a planta sensitiva ao ser tocada, negando-se às expansões necessárias ao bom funcionamento do consórcio físico-psíquico, o que arrasta uma como neutralidade do fluido vital, dando em resultado o estado de anestesia geral ou parcial, a perda da sensibilidade, quando todos os sintomas da morte e até mesmo o início da decomposição física se apresentam, e somente a consciência estará vigilante, visto que esta, fagulha da Mente divina animando a criatura, jamais se deterá num aniquilamento, mesmo temporário.

"Tanto a catalepsia como a letargia, pois elas são faculdades gêmeas, se espontâneas (elas poderão ser também provocadas e dirigidas, uma vez que a personalidade humana é rica de poderes espirituais, sendo, como foi, criada à imagem e semelhança de Deus), se espontâneas, serão, portanto, um como vício que impõe o acontecimento, como os casos de animismo nas demais faculdades mediúnicas, vício que, mais melindroso que os outros lembrados, se a tempo não for corrigido, poderá acarretar consequências imprevisíveis, tais como a morte total da organização física, a loucura, dado que as células cerebrais, se atingidas frequentemente e por demasiado tempo, poderão levar à obsessão, ao suicídio, ao homicídio e a graves enfermidades nervosas: esgotamento, depressão, alucinações etc. Uma vez contornadas por tratamento psíquico adequado, transformar-se-ão em faculdades anímicas importantes, capazes de altas realizações supranormais, consoante a prática o tem demonstrado, fornecendo aos estudiosos e observadores dos fatos mediúnicos vasto campo de elucidação científica-transcendental.

"Entretanto, se os adeptos da grande doutrina da imortalidade — os espíritas — não sabem, conscientemente, ou não querem resolver os intrincados problemas oferecidos pela catalepsia e sua irmã gêmea, a letargia (eles, os espíritas, não se preocupam com esses fenômenos), sem o quererem e o saberem corrigem a sua possibilidade de expansão com o cultivo geral da mediunidade comum, visto que, ao contato das correntes vibratórias magnéticas constantes, e o suprimento das forças vitais próprias dos fenômenos mediúnicos mais conhecidos, aquele vício, se ameaça, será corrigido, podendo, não obstante, a faculdade cataléptica ser orientada inteligentemente para fins dignificantes a bem da evolução do seu possuidor e da coletividade. De outro modo, o tratamento magnético por meio de passes, em particular os passes ditos espirituais, aplicados por médiuns idôneos, e não por magnetizadores, e a intervenção oculta, mas eficiente, dos mestres da Espiritualidade têm evitado que a catalepsia e a letargia se propaguem entre os homens com feição de calamidade, daí advindo a relativa raridade, espontânea, de tais fenômenos nos dias presentes. E essa nossa assertiva também revela que todas as criaturas humanas mais ou menos possuem em germe as ditas faculdades e as poderão dirigir à própria vontade, se conhecedoras dos seus fundamentos, uma vez que nenhum filho de Deus jamais foi agraciado com predileções ou menosprezado com desatenções pela obra da Criação.

"Dos casos citados nos Evangelhos cristãos, todavia, destaca-se o de Lázaro pela sua estranha particularidade. Aí vemos um estado cataléptico superagudo, porque espontâneo, relaxamento dos elos vitais pela depressão causada por uma enfermidade, fato patológico, portanto, provando o desejo incontido que o Espírito encarnado tinha de deixar a matéria para alçar-se ao Infinito, e onde o próprio fluido vital, que anima os organismos vivos, se encontrava quase totalmente extinto, e cujos liames magnéticos do perispírito em direção à carne se encontravam de tal forma frágeis, danificados pelo enfraquecimento das vibrações e da vontade (Lázaro já cheirava mal, o que é frequente em casos de crises catalépticas agudas, mesmo se provocadas, quando o paciente poderá até mesmo ser sepultado vivo, ou antes, não de todo no estado de cadáver), que fora necessário, com efeito, o poder restaurador de uma alma virtuosa como a do Nazareno para se impor ao fato, substituir células já corrompidas, renovar a vitalidade animal, fortalecer liames magnéticos com o seu poderoso magnetismo em ação. Na filha de Jairo, porém, e no filho da viúva de Naim as forças vitais se encontravam antes como que anestesiadas pelo enfraquecimento físico derivado da enfermidade, mas não no mesmo grau do sucedido a Lázaro. Neste, as mesmas forças vitais se encontravam já em desorganização adiantada, e não fora o concurso dos liames magnéticos ainda aproveitáveis e as reservas vitais conservadas pelo perispírito nas constituições físicas robustas (o perispírito age qual reservatório de forças vitais e os laços magnéticos são os agentes transmissores que suprem a organização física), e se não fossem aquelas reservas, Jesus não se abalaria à cura porque esta seria impossível. Muitos homens e até crianças assim têm desencarnado. E se tal acontece antes da época prevista pela programação da lei da Criação, nova existência corpórea os reclamará para o cumprimento dos deveres assumidos e, portanto, para a continuação da própria evolução.

"Perguntará, no entanto, o leitor:

"Por que então tal coisa é possível sob as vistas da harmoniosa lei da Criação? Que culpa tem o homem de sofrer tais ou quais acidentes se não é ele quem os provoca e que se realizam, muitas vezes, à revelia da sua vontade?

"A resposta será, então, a seguinte:

"Tais acidentes são próprios do carreiro da evolução, e enquanto o homem não se integrar de boa mente na sua condição de ser divino, vibrando satisfatoriamente no âmbito das expansões sublimes da natureza, mecanicamente estará sujeito a esse e demais distúrbios. Segue-se que, para a lei da Criação, a chamada *morte* não só não existe como é considerada fenômeno natural, absolutamente destituído da importância que os homens lhe atribuem, exceção feita aos casos de suicídio e homicídio. A morte natural, então, em muitos casos será um acidente facilmente reparável e não repercutirá com os foros de anormalidade como acontece entre os homens. De outro modo, sendo a catalepsia e a letargia uma faculdade, patrimônio psíquico da criatura, e não propriamente uma enfermidade, compreender-se-á que nem sempre a sua ação comprova inferioridade do seu possuidor, pois que, uma vez adestradas, ambas poderão prestar excelentes serviços à causa do bem, tais como as demais faculdades mediúnicas, que, não adestradas, servem de pasto a terríveis obsessões, que infelicitam a sociedade, e quando bem compreendidas e dirigidas atingirão feição sublime. Não se poderá afirmar, entretanto, que o próprio homem, ou a sua mente, a sua vontade, o seu pensamento, se encontrem isentos de responsabilidade no caso vertente, tanto na ação negativa como na positiva, ou seja, tanto nas manifestações prejudiciais como nas úteis e beneméritas.

"Um Espírito encarnado, por exemplo, já evoluído, ou apenas de boa vontade, senhor das próprias vibrações, poderá cair em transe letárgico, ou cataléptico, voluntariamente,[2] alçar-se ao Espaço para desfrutar o consolador convívio dos amigos espirituais mais intensamente, dedicar-se a estudos profundos, colaborar com o bem e depois retornar à carne, reanimado e apto a excelentes realizações. Não obstante, homens comuns ou inferiores poderão cair nos mesmos transes, conviver

---

[2] Nota da autora: Esses transes são comuns à noite, durante o repouso do sono, e muitas vezes o próprio paciente não se apercebe deles, ou se apercebe vagamente. Entre os espiritualistas orientais torna-se fato comum, conforme é sabido, dado que eles cultivam carinhosamente os poderes da própria alma.

com entidades espirituais inferiores como eles e retornar obsidiados, predispostos aos maus atos e até inclinados ao homicídio e ao suicídio. Um distúrbio vibratório poderá ter várias causas, e uma delas será o próprio suicídio em passada existência. Um distúrbio vibratório agudo poderá ocasionar um estado patológico, um transe cataléptico, tal o médium comum que, quando esgotado ou desatento da própria higiene mental ou moral (queda de vibrações e, portanto, distúrbio vibratório), dará possibilidades às mistificações do animismo e à obsessão. Nesse caso, no entanto, o transe cataléptico trará feição de enfermidade grave, embora não o seja propriamente, e será interpretado como ataques incuráveis, indefiníveis etc. O alcoólatra poderá renascer predisposto à catalepsia porque o álcool lhe viciou as vibrações, anestesiando-as, o mesmo acontecendo aos viciados em entorpecentes, todos considerados suicidas pelos códigos da Criação. Em ambos os casos a terapêutica psíquica bem aplicada, mormente a renovação mental, influindo poderosamente no sistema de vibrações nervosas, será de excelentes resultados para a corrigenda do distúrbio, enquanto que a atuação espírita propriamente dita abrirá novos horizontes para o porvir daquele distúrbio, que evolverá para o seu justo plano de faculdade anímica. E tudo isso, fazendo parte de uma expiação, porque será o efeito grave de causas graves, também assinalará o estado de evolução, visto que, se o indivíduo fosse realmente superior, estaria isento de padecer os contratempos que acima descrevemos. Todavia, repetimos, tanto a catalepsia como a letargia, uma vez bem compreendidas e dirigidas, quer pelos homens quer pelos Espíritos superiores, transformar-se-ão em faculdades preciosas, conquanto raras e mesmo perigosas, pois que ambas poderão causar o desenlace físico do seu paciente se uma assistência espiritual poderosa não o resguardar de possíveis acidentes. A letargia, contudo, presta-se mais à ação do seu possuidor no plano espiritual. Ao despertar, o paciente trará apenas intuições, às vezes úteis e preciosas, das instruções que recebeu e sua aplicação nos ambientes terrenos. É faculdade comum aos gênios e sábios, sem contudo constituir privilégio, agindo sem que eles próprios dela se apercebam, porque se efetivam durante o sono e sob vigilância de Espíritos prepostos ao caso.

"A provocação desses fenômenos nada mais é que a ação magnética anestesiando as forças vibratórias até o estado agudo, e anulando, por assim dizer, os fluidos vitais, ocasionando a chamada morte aparente, por suspender-lhe, momentaneamente, a sensibilidade, as correntes de comunicação com o corpo carnal, qual ocorre no fenômeno espontâneo, se bem que o fenômeno espontâneo possa ocupar um agente oculto, espiritual, de elevada ou inferior categoria. Se, no entanto, o fenômeno espontâneo se apresentar frequentemente e de forma como que obsessiva, a cura será inteiramente moral e psíquica, com a aproximação do paciente aos princípios nobres do Evangelho moralizador e ao cultivo da faculdade sob normas espíritas ou magnéticas legítimas, até o seu pleno florescimento nos campos mediúnicos.

"Casos há em que um consciencioso experimentador remove a possibilidade, ou causa de tais acontecimentos, e o paciente volta ao estado normal anterior. Todavia, o desenvolvimento pleno de tal faculdade é que conscienciosamente restituirá ao indivíduo o equilíbrio das próprias funções psíquicas e orgânicas. O tratamento físico medicinal, atingindo o sistema neurovegetativo, fortalecendo o sistema nervoso com a aplicação de tônicos reconstituintes etc., também será de importância valiosa, visto que a escassez de fluidos vitais poderá incentivar o acontecimento, emprestando-lhe feição de enfermidade. Cumpre-nos ainda advertir que tais faculdades, relativamente raras porque não cultivadas, na atualidade, agem de preferência no plano espiritual, com o médium encarnado sob a direção dos vigilantes espirituais, campo apropriado, o mundo espiritual, para as suas operosidades, tornando-se então o seu possuidor prestimoso colaborador dos obreiros do mundo invisível em numerosas espécies de especulações em benefício da humanidade encarnada e desencarnada. Entre os homens a ação de tais médiuns se apresentará de menor vulto, mas, se souberem atentar nas intuições que com eles virão ao despertar, grandes feitos chegarão a realizar também no plano terreno.

"Os ensinamentos contidos nos códigos espíritas, a advertência dos elevados Espíritos que os organizaram e a prática do Espiritismo demonstram que nenhum indivíduo deverá provocar, forçando-o, o desenvolvimento das suas faculdades mediúnicas, porque tal princípio será contraproducente, ocasionando novos fenômenos psíquicos, e não propriamente espíritas, tais como a autossugestão ou a sugestão exercida por pessoas presentes no recinto das experimentações, a hipnose, o animismo, ou personismo, tal como o sábio Dr. Alexander Aksakof classifica o fenômeno, distinguindo-o daqueles denominados 'efeitos físicos'. A mediunidade deverá ser espontânea por excelência, a fim de frutescer com segurança e brilhantismo, e será em vão que o pretendente se esforçará por atraí-la antes da ocasião propícia. Tal insofridez redundará, inapelavelmente, repetimos, em fenômenos de autossugestão ou o chamado 'animismo', ou 'personismo', isto é, a mente do próprio médium criando aquilo que se faz passar por uma comunicação de Espíritos desencarnados. Existem mediunidades que do berço se revelam no seu portador, e estas são as mais seguras, porque as mais positivas, frutos de longas etapas reencarnatórias, durante as quais os seus possuidores exerceram atividades marcantes, assim desenvolvendo forças do perispírito, sede da mediunidade, vibrando intensamente num e noutro setor da existência e assim adquirindo vibratilidades acomodatícias do fenômeno. Outras existem ainda em formação (forças vibratórias frágeis, incompletas, os chamados 'agentes negativos'), que jamais chegarão a se adestrar satisfatoriamente numa só existência, e que se mesclarão de enxertos mentais do próprio médium em qualquer operosidade tentada, dando-se também a possibilidade até mesmo da pseudoperturbação mental, ocorrendo então a necessidade dos estágios em casas de saúde e hospitais psiquiátricos se se tratar de indivíduos desconhecedores das ciências psíquicas. Por outro lado, esse tratamento será balsamizante e até necessário, na maioria dos casos, visto que tais impasses comumente sobrecarregam as células nervosas do paciente, consumindo ainda grande percentagem de fluidos vitais etc. etc.

"Possuindo na minha clínica espiritual fatos interessantes cabíveis nos temas em apreço, consignados neste livro, patrocinarei aqui a exposição de alguns deles para estudo e análises dos fatos espíritas, convidando o leitor à meditação sobre eles, pois o espírita necessita profundamente de instrução geral a respeito dos fenômenos e ensinamentos apresentados pela ciência transcendente de que se fez adepto, ciência imortal que não poderá sofrer o abandono das verdadeiras atenções do senso e da razão.

(A) – ADOLFO BEZERRA DE MENEZES."

*

Por nossa vez, conhecemos pessoalmente, faz alguns anos, na cidade fluminense de Barra Mansa, ao tempo em que ali exercia as funções espiritistas o eminente médium e expositor evangélico Manoel Ferreira Horta, amplamente conhecido pela alcunha de Zico Horta, a médium cataléptica Chiquinha. Tratava-se de uma jovem de 19 anos, filha de respeitável família e finamente educada. Sua faculdade apresentou-se, inicialmente, em feição de enfermidade, com longos ataques que desafiaram o tratamento médico para a cura. Observada, porém, a pedido da família, e habilmente dirigida por aquele lúcido espírito, a jovem tornou-se médium de admiráveis possibilidades, com a insólita faculdade cataléptica, que lhe permitia até mesmo o fenômeno da incorporação de entidades sofredoras e ignorantes, a fim de serem esclarecidas. Em vinte minutos a médium apresentava os variados graus da catalepsia, inclusive o estado cadavérico após as 24 horas depois da morte, e os sintomas do início da decomposição, com as placas esverdeadas pelo corpo e o desagradável almíscar comum aos cadáveres que entram em decomposição. De outras vezes, no primeiro ou no segundo grau do transe, transmitia verbalmente o receituário que ouvia das entidades médicas desencarnadas que a assistiam, obtendo, assim, excelentes curas nos numerosos doentes que procuravam a antiga Assistência Espírita Bittencourt Sampaio, dirigida por Zico Horta. Narrava fatos que via no Espaço, transmitia instruções de individualidades espirituais sobre diversos assuntos, penetrava o corpo humano com a visão espiritual, e seus diagnósticos eram seguros, visto que os reproduzia verbalmente, ouvindo-os, em espírito, dos médicos espirituais. O tom da voz com que se exprimia era pausado e grave, e sua aparência física reproduzia o estado cadavérico: rigidez impressionante, algidez, arroxeamento dos tecidos carnais, inclusive as unhas, fisionomia abatida e triste, própria do cadáver, olheiras profundas. O mesmo sucedia, como é sabido, ao médium Carlos Mirabelli, que, em poucos minutos, atingia o grau de decomposição, a ponto de as pessoas presentes às sessões, em que ele trabalhasse, só muito penosamente suportarem o fétido que dele se exalava, até que o transe variasse de grau, em escala descendente, fazendo-o despertar. Ao que parece, a catalepsia aí era completa. Ambos de nada recordavam ao despertar.

Uma vez de posse das indicações que aí ficam, animado nos sentimos a descrever nestas páginas alguns acontecimentos supranormais de que também temos sido paciente na presente vida orgânica. Que o suposto leitor ajuíze e por si mesmo deduza até onde poderá chegar o intricado mistério da mediunidade, porque a mediunidade ainda constitui mistério para nós outros, que apenas lhe conhecemos os efeitos surpreendentes, isto é, apenas a primeira parte dos seus estranhos poderes.

Devemos declarar, de início, que, para a descrição dos fenômenos ocorridos conosco, usaremos o tratamento da primeira pessoa do singular, e para a primeira parte de cada capítulo, ou seja, para as análises e exposições obtidas pelas intuições do dirigente espiritual da presente obra, Adolfo Bezerra de Menezes, usaremos o tratamento da primeira pessoa do plural, assim destacando as duas feições do presente volume.

Faculdade nativa

Todos a choravam, e se feriam de pena. Jesus, porém, lhes disse: Não choreis, que a menina não está morta, mas dorme.

Então Jesus, tomando-lhe a mão, disse em alta voz: "Talita, kume!" Menina, desperta! Então a sua alma tornou ao corpo e ela se levantou logo. E Jesus mandou que lhe dessem de comer.

(Mateus, 9:18 a 26; Marcos, 5:22 a 43; Lucas, 8:41 a 56.)

*

Na letargia, o corpo não está morto, porquanto há funções que continuam a executar-se. Sua vitalidade se encontra em estado latente, como na crisálida, porém, não aniquilada. Ora, enquanto o corpo vive, o Espírito se lhe acha ligado.

(Allan Kardec, O livro dos espíritos, q. 423.)

Em um livro de memórias que nossos dirigentes espirituais nos aconselharam escrever, existem as seguintes páginas, que dali extraímos para o presente volume, oferecendo-as à meditação do leitor, pois jamais devemos desprezar fatos autênticos que atestem a verdade espírita. Escrevemo-las num grande desabafo, pois tantos foram os fatos espíritas que desde a infância rodearam a nossa vida, que, em verdade, nossa consciência se acusaria se os retivéssemos somente para deleite das nossas recordações. Eis as aludidas páginas:

"Creio que nasci médium já desenvolvido, pois jamais me dei ao trabalho de procurar desenvolver faculdades medianímicas. Algumas faculdades se apresentaram ainda em minha primeira infância: a vidência, a audição e o próprio desdobramento em corpo astral, com o curioso fenômeno da morte aparente. Creio mesmo, e o leitor ajuizará, que o primeiro grande fenômeno mediúnico ocorrido comigo se verificou quando eu estava apenas com *29 dias de existência.*

Tendo vindo ao mundo na noite de Natal, 24 de dezembro, a 23 de janeiro, durante um súbito acesso de tosse, em que sobreveio sufocação, fiquei como morta. Tudo indica que, em existência pretérita, eu morrera afogada por suicídio, e aquela sufocação, no primeiro mês do meu nascimento, nada mais seria que um dos muitos complexos que acompanham o Espírito suicida, mesmo quando reencarnado, reminiscências mentais e vibratórias que o traumatizam por períodos longos, comumente.

Durante seis horas consecutivas permaneci com rigidez cadavérica, o corpo arroxeado, a fisionomia abatida e macilenta do cadáver, os olhos aprofundados, o nariz afilado, a boca cerrada e o queixo endurecido, enregelada, sem respiração e sem pulso. O único médico da localidade — pequena cidade do sul do estado do Rio de Janeiro, hoje denominada Rio das Flores, mas então chamada Santa Teresa de Valença — , o único médico e o farmacêutico, examinando-me, constataram a morte súbita por sufocação, à falta de outra *causa mortis* mais lógica. A certidão de óbito foi, portanto, legalmente passada. Minha avó e minhas tias trataram de me amortalhar para o sepultamento, à tarde, pois o 'óbito' ocorrera pela manhã, bem cedo. Eu era recém-chegada na família e, por isso, ao que parece, 'minha morte' não abalava o sentimento de ninguém, pois, havendo ao todo 28 pessoas na residência rural de minha avó materna, onde nasci, porquanto a família se havia reunido para as comemorações do Natal e do Ano-Novo, ninguém demonstrava pesar pelo acontecimento, muito ao contrário do que se passara na residência do fariseu Jairo, há quase dois mil anos...

Vestiram-me então de branco e azul, como o 'Menino Jesus', com rendinhas prateadas na túnica de cetim, faixas e estrelinhas, e me engrinaldaram a fronte com uma coroa de rosinhas brancas. Chovia torrencialmente e esfriara o tempo, numa localidade própria para o veraneio, como é a minha cidade natal. A eça mortuária, uma mesinha com toalhas rendadas, com as velas e o crucifixo tradicional, encontrava-se à minha espera, solenemente preparada na sala de visitas. Nem minha mãe chorava. Esta, porém, não chorava porque não acreditava na minha morte. Opunha-se terminantemente que me expusessem na sala e encomendassem o caixão mortuário. A fim de não excitá-la, deixaram-me no berço mesmo, mas encomendaram o caixãozinho, todo branco, bordado de estrelinhas e franjas douradas... Minha mãe, então, quando havia já seis horas que eu me encontrava naquele estado insólito, conservando-se ainda católica romana, por aquele tempo, e vendo que se aproximava a hora do enterro, retirou-se para um aposento solitário da casa, fechou-se nele, acompanhou-se de um quadro com estampa representando Maria, mãe de Jesus, e, com uma vela acesa, prostrou-se de joelhos ali, sozinha, e fez a invocação seguinte, concentrando-se em preces durante uma hora:

'— Maria santíssima, santa mãe de Jesus e nossa mãe, vós, que também fostes mãe e passastes pelas aflições de ver padecer e morrer o vosso Filho sob os pecados dos homens, ouvi o apelo da minha angústia e atendei-o, Senhora, pelo amor do vosso Filho: se minha filha estiver realmente morta, podereis levá-la de retorno a Deus, porque eu me resignarei à inevitável lei da morte; mas se, como creio, ela estiver viva, apenas sofrendo um distúrbio cuja causa ignoramos, rogo a vossa intervenção junto a Deus Pai para que ela torne a si, a fim de que não seja sepultada viva. E como prova do meu reconhecimento por essa caridade que me fareis eu vo-la entregarei para sempre. Renunciarei aos meus direitos sobre ela a partir deste momento! Ela é vossa! Eu vo-la entrego! E seja qual for o destino que a esperar, uma vez retorne à vida, estarei serena e confiante, porque será previsto pela vossa proteção.'

Muitas vezes, durante a minha infância, minha mãe narrava-me esse episódio da nossa vida por entre sorrisos de satisfação, repetindo cem vezes a prece que aí fica, por ela inventada no momento, acrescentando-a do Pai-Nosso e da Ave-Maria, e, igualmente entre sorrisos, era que eu a ouvia dizer, tornando-me então muito eufórica por isso mesmo:

— Eu nada mais tenho com você... Você pertence à Maria, mãe de Jesus...

Entrementes, ao se retirar do aposento, onde se dera a comunhão com o Alto, minha mãe abeirou-se do meu insignificante fardo carnal, que continuava imerso em catalepsia, e tocou-o carinhosamente com as mãos, repetidas vezes, como se transmitisse energias novas por meio de um passe. Então, um grito estridente, como de susto, de angústia, acompanhado de choro inconsolável de criança, surpreendeu as pessoas presentes. Minha mãe, provável veículo dos favores caritativos de Maria de Nazaré, levantou-me do berço e despiu-me a mortalha, verificando que a grinalda de rosinhas me ferira a cabeça.

As velas que deveriam alumiar o meu cadáver foram retiradas e apagadas, a eça foi destituída das solenes toalhas rendadas, o crucifixo retornou ao oratório de minha avó e a casa funerária recebera de volta um caixão de 'anjinho', porque eu revivera para os testemunhos que, de direito, fossem por mim provados, como Espírito revel que fora no passado... e revivera sob o doce influxo maternal de Maria, mãe de Jesus.

Recordando, agora, nestas páginas, esse patético episódio de minha presente existência, a mim narrado tantas vezes pelos meus familiares, nele prefiro compreender também um símbolo, a par do fenômeno psíquico:

ingressando na vida terrena para uma encarnação expiatória, eu deveria, com efeito, morrer para mim mesma, renunciando ao mundo e às suas atrações, para ressuscitar o meu espírito, morto no pecado, por meio do respeito às Leis de Deus e do cumprimento do dever, outrora vilipendiado pelo meu livre-arbítrio. Não obstante, que seria o fato acima exposto se não a faculdade que comigo viera de outras etapas antigas, o próprio fenômeno mediúnico que ocorre ainda hoje, quando, às vezes, espontaneamente, advêm transes idênticos ao acima narrado, enquanto, em espírito, eu me vejo acompanhando os instrutores espirituais para com eles socorrer sofredores da Terra e do Espaço, ou assistir, sob seus influxos vibratórios mentais, aos dramas do mundo invisível, que mais tarde são descritos em romances ou historietas?

Aos 4 anos eu já me comunicava com Espíritos desencarnados, pela visão e pela audição: via-os e falava com eles. Eu os supunha seres humanos, uma vez que os percebia com essa aparência e me pareciam todos muito concretos, trajados como quaisquer homens e mulheres. Ao meu entender de então, eram pessoas da família, e por isso, talvez, jamais me surpreendi com a presença deles. Uma dessas personagens era-me particularmente afeiçoada: eu a reconhecia como pai e a proclamava como tal a todos os de casa, com naturalidade, julgando-a realmente meu pai e amando-a profundamente. Mais tarde, esse Espírito tornou-se meu assistente ostensivo, auxiliando-me poderosamente a vitória nas provações e tornando-se orientador dos trabalhos por mim realizados como espírita e médium. Tratava-se do Espírito *Charles*, já conhecido do leitor por meio de duas obras por ele ditadas à minha psicografia: *Amor e ódio* e *Nas voragens do pecado*.

Durante minha primeira infância esse Espírito falava-me muitas vezes, usando de autoridade e energia, assim como a entidade Roberto, também entrevista pelo leitor nos volumes *Dramas da obsessão*, de Adolfo Bezerra de Menezes, e *Memórias de um suicida*, como sendo o médico espanhol *Roberto de Canalejas*, e que teria existido na Espanha pelos meados do século XIX. Lembro-me ainda de que, muitas vezes, sentada no soalho, a brincar com as bonecas, eu via Roberto numa cadeira que invariavelmente era posta no mesmo local. Ele curvava-se, apoiava os cotovelos nos joelhos e sustentava o rosto com as mãos numa atitude muito humana, e assim, tristemente, pois era um Espírito triste, me falava com doçura e eu respondia. Não sei se tais conversações seriam telepáticas ou verbais, sei apenas que eram reais. Não pude, porém, conservar lembranças do assunto de que tratavam. Aliás, tudo me parecia comum, natural, e, como criança que era, certamente não poderia haver preocupação de reter na lembrança o assunto daquelas conversações. Essa entidade era por mim distinguida muito perfeitamente, trajada como os homens do século XIX, mostrando olhos grandes e vivos, muito profundos, cabelos fartos e altos na frente, pequena barba circulando o rosto e terminando suavemente em ponta, no queixo, e bigodes relativos, espessos. Dir-se-ia pessoa doente, pois trazia faces encovadas e feições abatidas, e mãos descarnadas e muito brancas. Era esse o Espírito companheiro de minhas existências passadas, a quem poderosos laços espirituais me ligam, a quem muito feri em idades pretéritas e por quem me submeti às duras provações que me afligiram neste mundo, na esperança de reaver o perdão da Lei de Deus pelo mal outrora praticado contra ele próprio.

*

Foi somente aos 8 anos que se repetiu o fenômeno de desprendimento parcial a que chamamos 'morte aparente', o qual, no entanto, sempre espontâneo, dos 16 anos em diante se tornou, por assim dizer, comum em minha vida, iniciando-se então a série de exposições espirituais que deram em resultado as obras literárias por mim recebidas do Além por meio da psicografia auxiliada pela visão espiritual superior. Repetindo-se, porém, o fenômeno, aos meus 8 anos, recebi, por ele, em quadros parabólicos descritos com a mesma técnica usada para a literatura mediúnica, o primeiro aviso para me dedicar à Doutrina do Senhor e do que seria a minha vida de provações, sendo essa exposição produzida singelamente, à altura de uma compreensão infantil.

Quem conhecer a vida da célebre heroína francesa Joana d'Arc e atentar em certos detalhes que circundaram a sua mediunidade, compreenderá facilmente que as entidades espirituais que se comunicavam com ela, e às quais ela atribuía os nomes dos santos por ela venerados, cujas imagens existiam na igrejinha de Domrémy, sua terra natal, facilmente compreenderá também o que exporei em seguida, pois o fenômeno espírita jamais será isolado ou será particular a uma única pessoa, porque a técnica para produzi-lo é idêntica em toda parte e em todas as idades, referência feita aos operadores espirituais.

Joana fora criada desde o berço amando aquela igreja e as imagens nela expostas com a denominação de Santa Catarina, Santa Margarida e São Miguel. E porque raciocinasse que, realmente, as imagens retratavam aquelas almas eleitas que ela acreditava desfrutando a bem-aventurança eterna, confiava nelas, certa de que jamais lhe negariam amor e proteção. A verdade, porém, era que as entidades celestes que se mostravam a Joana, e lhe falavam, nada mais seriam que os seus próprios guias espirituais ou os guardiães espirituais da coletividade francesa, como Santa Genoveva, São Luís ou Carlos Magno, que tomariam a aparência daquelas imagens a fim de infundirem respeito e confiança àquele coração heroico, capaz de um feito importante que se refletiria até mesmo além-fronteiras da França. Também nada impediria que as visões de Joana fossem realmente materializações dos Espíritos daqueles vultos da igreja de Domrémy, dado que Santa Catarina e Santa Margarida tivessem, com efeito, existido. Quanto a São Miguel, citado no Velho Testamento pelos antigos profetas, possui essa credencial para a própria identidade. O acontecimento, aliás, é comum nos fastos espíritas e o caso de Joana não é isolado na história das aparições supranormais, conquanto seja dos mais positivos e belos de quantos temos notícias.

Assim, nos meus 8 anos fato análogo passou-se, embora com caráter muito restrito e particular, em condições de vidência, é verdade, diversas do ocorrido em Domrémy, mas fundamentado nos mesmos princípios.

Por aquela época, eu residia na cidade de Barra do Piraí, no estado do Rio de Janeiro, e frequentava o catecismo da doutrina católica romana na Igreja matriz de Sant'Ana, ao lado da qual morava. A essa época já meus pais haviam adotado o Espiritismo (meu pai adotara-o ainda antes do meu nascimento), permitindo, não obstante, minha frequência ao catecismo católico, como era comum entre famílias espíritas, no passado. Aquele templo católico, portanto, com seus vitrais sugestivos, seus sinos melodiosos, seu formoso jardim em derredor, exercia suave impressão em minhas sensibilidades, e a doce poesia que se desprendia de tudo aquilo infundia verdadeiro encantamento ao meu coração. Eu venerava aquele ambiente e hoje compreendo que, então, me sentia como que tutelada daquela 'Senhora Sant'Ana', que me era tão familiar, e daquela 'Nossa Senhora da Conceição', que eu tinha a satisfação de coroar, fantasiada de anjo, nas festividades do mês de maio. E imaginava-as como fazendo parte da minha família, porque diziam delas as nossas 'babás':

'— A Senhora Sant'Ana é nossa avó; Nossa Senhora é nossa mãe, portanto temos que respeitá-las e lhes pedir a bênção todos os dias...'

No entanto, sobre todas as imagens existentes naquele templo, a que mais me impressionava e comovia era a do 'Senhor dos Passos', caído sobre os joelhos, com a cruz nos ombros. Eu amava aquela imagem, profundas sugestões ela infundia em minha alma, e, às vezes, chorava ao lado dela, porque diziam as 'babás':

'— Foi para nos salvar que Ele padeceu e morreu na cruz... Temos que amá-lo muito...'

Reconfortava-me, porém, beijar a ponta da sua túnica ou um ângulo da cruz, e não raro levava uma ou outra humilde flor para oferecer-lhe, com a qual pretendia testemunhar-lhe o meu sentimento, e grande tristeza me invadia o coração em tais momentos.

Entretanto, a imagem permanecia sobre um andor, na capela-mor, e não no altar, visto não existir, na ocasião, acomodações para ela em nenhum outro local. Em verdade, já por essa época eu não passava de uma criança infeliz, pois, como vimos, o sofrimento me acompanhava desde o nascimento, e eu sofria não só a saudade de minha existência anterior, da qual lembrava, como ainda a insatisfação no ambiente familiar, que eu estranhava singularmente, como veremos mais adiante. Dentre as muitas angústias que então me afligiam, destacava-se o temor que eu experimentava por um dos meus irmãos, o qual, como sói acontecer entre proles numerosas, me surrava frequentemente por qualquer contrariedade durante nossas peraltices, fato que me pungia e aterrorizava muito, e que a minha talvez excessiva sensibilidade exagerava como se se tratasse de um martirológio por mim sofrido, tornando-me então complexada no próprio lar paterno.

Certa noite, inesperadamente, verificou-se o fenômeno de transporte em corpo astral, com a característica de morte aparente. Felizmente para todos os de casa, a ocorrência fora em hora adiantada da noite, como sucede nos dias presentes, e apenas percebido pela velha ama que dormia conosco e que fora testemunha do primeiro fenômeno, no primeiro mês do meu nascimento. Pôs-se ela então a debulhar o seu rosário, temerosa de acordar os de casa, o que não a impediu de me supor atacada de um ataque de vermes e por isso mesmo dando-me vinagre a cheirar; mas como o alvitre se verificara infrutífero para resolver a situação, preferiu as próprias orações, o que, certamente, equivaleu a excelente ajuda para a garantia do transe. Somente no dia seguinte, portanto, o fato foi conhecido por todos, por mim inclusive, que me lembrava do acontecimento como se tratasse de um sonho muito lúcido e inteligente.

Entrementes, sob a ação do fenômeno, vi-me no interior da igreja que eu amava, diante da imagem do 'Senhor dos Passos', como frequentemente acontecia, agora, porém, permanecendo aquém dos degraus que subiam para a capela-mor. O familiar acima citado torturava-me então com os habituais maus-tratos, espancando-me furiosamente, despedaçando-me as roupas e puxando-me os cabelos. Sentindo-me aterrorizada, como sempre, em dado momento apelei para o socorro do Senhor. Então, como que vi a imagem desprender-se do andor, com a cruz nas costas, descer os degraus, estender a mão livre para mim e dizer bondosamente:

'— Vem comigo, minha filha... Será o único recurso que terás para suportar os sofrimentos que te esperam...'

Aceitei a mão que se estendia, apoiei-me nela, subi os degrauzinhos da capela-mor... e de nada mais me apercebi, enquanto a visão não foi jamais esquecida, constituindo antes grande refrigério para o meu coração, até hoje, sua lembrança.

Efetivamente, grandes provações e testemunhos, lágrimas ininterruptas, sem me permitirem um único dia de alegria neste mundo, se sobrepuseram no decurso da minha presente existência. Bem cedo, porém, eu me fortalecera para os embates, pois, naquela mesma idade, 8 anos, li o primeiro livro espírita, uma vez que já lia correntemente, pela citada época.

Certamente que não pude assimilá-lo devidamente, mas li-o do princípio ao fim, embora a sua literatura clássica me confundisse. O assunto principal de que tratava, a técnica espírita, revelando o fenômeno da morte de uma personagem, calou-me profundamente no coração e eu o compreendi perfeitamente. Esse livro foi o romance *Marieta e Estrela,* obtido pela mediunidade de Daniel Suarez Artazu, em Barcelona, Espanha, pelo ano de 1870, e o capítulo *O primeiro dia de um morto* foi, para mim, como que o chamamento para os assuntos espíritas.

E assim foi que a Doutrina do Senhor, a esperança na sua justiça, a fé e a paciência que sempre me impeliram para o Espiritismo, a par do cultivo dos dons mediúnicos que espontaneamente se me impuseram desde a minha infância, me tornaram bastante forte para dominar e superar, até agora, as dificuldades que comigo vieram para a reencarnação expiatória, como resultado inapelável de um passado espiritual desarmonizado com o bem."

Reminiscências de vidas passadas

Podemos ter algumas revelações a respeito de nossas vidas anteriores?

Nem sempre. Contudo, muitos sabem o que foram e o que faziam. Se se lhes permitisse dizê-lo abertamente, extraordinárias revelações fariam sobre o passado.

(Allan Kardec, O livro dos espíritos, q. 395.)

*

[...] Quanto mais grave é o mal, tanto mais enérgico deve ser o remédio. Aquele, pois, que muito sofre deve reconhecer que muito tinha a expiar e deve regozijar-se à ideia da sua próxima cura. Dele depende, pela resignação, tornar proveitoso o seu sofrimento e não lhe estragar o fruto com as suas impaciências, visto que, do contrário, terá de recomeçar.

(Allan Kardec, O evangelho segundo o espiritismo, cap. V, it. 10.)

Muitos dos nossos amigos frequentemente nos procuram, quer pessoalmente ou por meio de cartas que nos escrevem, a fim de solicitar informações sobre a reencarnação do próximo em geral e, em particular, a deles próprios. Nada poderemos, porém, acrescentar sobre o assunto às instruções dos Espíritos que organizaram os códigos do Espiritismo. Se, como ficou dito, a lei da Criação encobriu o nosso passado espiritual, será porque o seu conhecimento não traria vantagem para o nosso progresso, antes poderia prejudicá-lo, como tão habilmente ficou assinalado por Allan Kardec e seus colaboradores. Todavia, a observação de sábios investigadores das propriedades e forças da personalidade humana, e a prática dos fenômenos espíritas, dão-nos a conhecer substanciosos exemplos de que nem sempre o véu do esquecimento é totalmente distendido sobre a nossa memória normal, apagando as recordações de vidas anteriores, pois a verdade é que de vez em quando surgem indivíduos idôneos apresentando lembranças de suas existências passadas, muitas delas verificadas exatas por investigações criteriosas, e a maioria dos casos, senão a totalidade deles, revelando tanta lógica e firmeza nas narrativas, que impossível seria descrever-se deles sem demonstrar desprezo pela honestidade do próximo. De outro lado, o fenômeno de recordação de vidas passadas parece mais raro do que em verdade é, uma vez que podemos ter estranhas reminiscências sem saber que elas sejam o passado espiritual a se manifestar timidamente às nossas faculdades, aliás, a maioria das pessoas que as recordam, ignorando os fatos espíritas, sofrem a sua pressão sem saberem, realmente, do que se trata, e por isso não participam a outrem o que com elas se passa.

O Espírito Dr. Adolfo Bezerra de Menezes, a quem tanto amamos, observou, em recentes instruções a nós concedidas, que nos manicômios terrestres existem muitos casos de suposta loucura que mais não são que estados agudos de excitação da subconsciência recordando existências passadas tumultuosas, ou criminosas, ocasionando o remorso no presente, o mesmo acontecendo com a obsessão, que bem poderá ser o tumulto de recordações do passado enegrecido pelos erros cometidos, recordações indevidamente levantadas pela pressão da vítima de ontem transformada em algoz do presente. Muitos chamados loucos, e também certo número de obsidiados, costumam asseverar que foram esta ou aquela personalidade já vivida e fizeram isto ou aquilo, narrando, por vezes, atos deploráveis. Bem poderá acontecer que tais narrativas nada mais sejam que reminiscências, talvez desfiguradas por alguma circunstância de momento, de um passado aflorando para o presente por entre choques traumáticos, causando a alteração nervosa ou mental.

A Lei divina, que rege a condição do ser encarnado na Terra, estabeleceu o esquecimento das migrações pretéritas, por se tratar do que mais convém ao comum das criaturas, sendo mesmo essa a situação normal de cada ser, e, assim sendo, o fato de recordar produzirá choques morais por vezes intensos, na personalidade que assim se destaca, acarretando anormalidades que variam de grau, conforme a situação moral ou consciencial de cada um, pois só quem realmente recorda o próprio passado reencarnatório, no qual faliu, estará capacitado a compreender o desequilíbrio e a amargura que tal situação provoca. Ao que parece, o fato de recordar existências passadas constitui provação para as criaturas comuns, ainda pouco evolvidas, ou concessão ao mérito, nas de ordem mais elevada na escala moral. No primeiro caso, como foi dito acima, verifica-se, não raro, uma espécie de obsessão, haja ou não haja o inimigo desencarnado a provocar a anormalidade, e, de qualquer forma, uma grande tristeza, um grande desânimo atingirá o que recorda, que pressentirá apenas espinhos e lágrimas no decorrer da existência. E assim como o Espírito desencarnado, de categoria inferior, muitas vezes sofre e se tumultua até a loucura, diante do desfile mental das próprias existências passadas desvirtuadas pelo crime, assim o encarnado se anormalizará sob os choques dos mesmos acontecimentos, por diminutos que sejam.

Não obstante, existem também homens que recordam suas vidas passadas sem padecerem aqueles desequilíbrios, conservando-se normais. Os médiuns positivos, ou seja, que possuam grandes forças intermediárias (eletromagnetismo, vitalidade, intensidade vibratória, sensibilidade superior, vigor mental em diapasão harmônico com as forças físico-cerebrais), serão mais aptos do que o normal das criaturas ao fenômeno de reminiscências do passado, por predisposições particulares, portanto. Assim sendo, e diante do vasto noticiário que possuímos acerca do empolgante acontecimento, temos o direito de deduzir que o fato de recordar o próprio passado reencarnatório é uma faculdade que bem poderá ser mediúnica, que, se bem desenvolvida e equilibrada, não alterará o curso da vida do seu possuidor, mas, se ainda em elaboração e prejudicada por circunstâncias menos boas, causará lamentáveis distúrbios, tal a mediunidade comum, já que o ser médium não implica a obrigatoriedade de ser espírita. Se aquele que recorda, e por isso sofre desequilíbrios vibratórios, procurar o remédio que o poderá aliviar, nas fontes fecundas do psiquismo, estará salvo de grandes dissabores. Se, ao contrário, desconhecer a origem dos fatos e se alhear do psiquismo, será considerado louco por todas as opiniões, até mesmo para a opinião do seu médico, embora não o seja realmente; e como o manicômio é o último recurso que lhe proporcionaria a cura, segue-se que ele não se poderá curar.

Por que então tais fatos se enquadram na vida organizada pelas leis superiores do plano divino? Serão tais casos acontecimentos normais da evolução?

Certamente, é muito provável que assim seja, visto que, tratando-se de uma faculdade que tende a atingir a plenitude das próprias funções, haverá o trabalho de evolução, e, além do mais, não é o Espírito, encarnado ou não, o artífice da própria glória? Daí as lutas tremendas do roteiro a vencer...

Ou tratar-se-á, porventura, de punição?

De qualquer forma será o trabalho de evolução...

No entanto, até onde chegam os nossos conhecimentos a respeito do singular fato, também por nós vivido e, portanto, por nós sentido, observado e estudado, poderemos afirmar que, na sua maioria, trata-se do efeito de causas graves e, portanto, punição por meio da lei natural das coisas, podendo ser também o fato auxiliado pela natural disposição de organizações físico-psíquicas muito lúcidas, aquisição de mentes trabalhadas pelo esforço da inteligência, fruto do cultivo dos dons da alma, se o acontecimento não implicar distúrbios conscienciais, pois nossa personalidade é rica de dons em elaboração lenta, mas segura.

Consultando preciosos livros de instrução doutrinária espírita, encontraremos copioso noticiário do fato em estudo. Homens ilustres do passado não só confessavam as próprias convicções a respeito da reencarnação das almas em novos corpos como afirmavam, com boas provas, lembrar de suas vidas anteriores, sendo que esses homens não deram, jamais, provas de debilidade mental, o que nos leva a deduzir ser o fato mais comum do que se pensa, e que os casos extremos, ocasionando a citada pseudoloucura, serão, com efeito, como que uma punição natural na ordem das coisas, efeito de vidas passadas anormais, onde avultavam ações criminosas. No seu precioso livro *O problema do ser, do destino e da dor*, o grande mestre da Doutrina Espírita, Léon Denis, cita casos interessantes de pessoas conhecidas na História, que recordavam as próprias existências passadas. É de notar que todas essas individualidades citadas possuíam inteligência lúcida, eram mesmo pessoas geniais, fazendo crer que suas mentes haviam sido trabalhadas pelo labor intelectual desde longas etapas anteriores, o que equivale dizer que a faculdade de recordar estava mais ou menos desenvolvida, não produzindo choques vibratórios violentos.[3] Assim é que, no capítulo XIV daquela obra magistral, na Segunda Parte, ele diz o seguinte, permitindo o leitor, em seu próprio benefício, que transcrevamos trechos do original:

---

[3] Nota da autora: A prática do Espiritismo, contudo, e o ensino dos Espíritos, na atualidade, também parecem demonstrar que outras circunstâncias podem cooperar para as recordações do passado, e que não apenas os Espíritos superiores, encarnados ou não, se acham na situação de recordar algo das próprias existências percorridas, conquanto o fato se declare à revelia da sua vontade, podendo mesmo tais lembranças ser provocadas por um agente desencarnado, que bem poderá ser um amigo ou um inimigo, ou por um choque emocional grave.

É um fato bem conhecido que Pitágoras se recordava pelo menos de três das suas existências e dos nomes que, em cada uma delas, usava. Declarava ter sido Hermótimo, Eufórbio e um dos Argonautas. Juliano, cognominado o Apóstata, tão caluniado pelos cristãos, mas que foi, na realidade, uma das grandes figuras da História Romana, recordava-se de ter sido Alexandre da Macedônia. Empédocles afirmava que, pelo que lhe dizia respeito, 'recordava-se de ter sido rapaz e rapariga'.

Na opinião de Herder (*Dialogues sur la Métempsycose*), deve-se ajuntar-se a estes nomes os de Yarcas e de Apolônio de Tiana.

Na Idade Média tornamos a encontrar a mesma faculdade em Gerolamo Cardano.

Entre os modernos, Lamartine declara, no seu livro *Voyage en Orient*, ter tido reminiscências muito claras de um passado longínquo. Transcreveremos o seu testemunho:

'Na Judeia eu não tinha *Bíblia* nem livro de viagem; ninguém que me desse o nome dos lugares e o nome antigo dos vales e dos montes. Não obstante, reconheci, sem demora, o vale de Terebinto e o campo de batalha de Saul. Quando estivemos no convento, os padres confirmaram-me a exatidão das minhas descobertas. Os meus companheiros recusavam acreditá-lo. Do mesmo modo, em Séfora, apontara com o dedo e designara pelo nome uma colina que tinha no alto um castelo arruinado, como o local provável do nascimento da Virgem. No dia seguinte, no sopé de um monte árido, reconheci o túmulo dos Macabeus e falava verdade sem o saber. Excetuando os vales do Líbano, quase não encontrei na Judeia um lugar ou uma coisa que não fosse para mim como uma recordação. Temos então vivido duas ou mil vezes? É, pois, a nossa memória uma simples imagem embaciada que o sopro de Deus aviva?

O próprio Victor Hugo, que tão de perto nos fala ao coração, afirmava julgar-se a reencarnação de Juvenal e Ésquilo, enquanto o mesmo

Léon Denis, em outra obra magistral da sua lavra, *O grande enigma*, confessa as agitações da sua alma durante uma visita à célebre Chartreuse, quando sentiu efervescer dos refolhos do próprio ser a recordação de uma existência também ali vivida. Vejamos o que a sua pena vigorosa narra no capítulo XIII daquela obra:

> O cemitério do convento é de aspecto lúgubre. Nenhuma laje, nenhuma inscrição determina as sepulturas. Na fossa aberta, deposita-se simplesmente o corpo do monge, revestido de seu hábito e estirado sobre uma tábua, sem esquife; depois, cobrem-no de terra. Nenhum outro sinal, além de uma cruz, designa a sepultura desse passageiro da vida, desse hóspede do silêncio, do qual ninguém, à exceção do prior, saberá o nome verdadeiro!
>
> Será a primeira vez que percorro estes longos corredores e estes claustros solitários? Não! Quando sondo o meu passado, sinto estremecer em mim a misteriosa cadeia que liga minha personalidade atual à dos séculos escoados. Sei que entre os despojos que ali jazem, nesse cemitério, há um que meu Espírito animou. Possuo um terrível privilégio, o de conhecer minhas existências passadas. Uma delas acabou nesses lugares. Depois dos cinco lustros de lutas da epopeia napoleônica, nas quais o destino me havia imergido, exausto de tudo, afrontado pela vista do sangue e do fumo de tantas batalhas, aqui vim buscar a paz profunda.

Todavia, nenhum de tais exemplos se equipara aos referentes a outra personalidade, também citada pelo grande Denis. Trata-se igualmente de um intelectual, um poeta assaz apreciado, cujo nome era José Méry, simplesmente. O *Journal Litteraire*, de 25 de novembro de 1864, diz dele o seguinte, entre outras tantas referências interessantes sobre o mesmo assunto:

> Há teorias singulares que, para ele, são convicções. Assim, crê firmemente que viveu muitas vezes; lembra-se das menores circunstâncias das suas existências anteriores e descreve-as com tanta minuciosidade e com um tom de certeza tão entusiástico que se impõe como autoridade. Assim, foi um dos amigos de Virgílio e Horácio, conheceu Augusto (imperador

romano), conheceu Germânico; fez a guerra nas Gálias e na Germânia. Era general e comandava tropas romanas quando atravessaram o Reno. Reconhece os montes e sítios onde acampou, e os vales onde outrora combateu. Chamava-se então Mínio.

Seria longo descrever as recordações desse reencarnacionista do século passado, José Méry, e que vão até as Índias, em passado remoto. Ele tão bem descrevia as paisagens orientais nas suas obras literárias que jamais os leitores duvidaram de que ele tivesse viajado longamente por aquele país. E acrescenta o *Journal Litteraire*, finalizando:

> É preciso ouvi-lo contar os seus poemas, porque são verdadeiros poemas essas lembranças a Swedenborg. Não suspeiteis da sua seriedade, que é muito grande. Não há mistificação feita à custa dos seus ouvintes; há uma realidade de que ele consegue convencer-vos!

Gabriel Delanne não é menos substancioso nos exemplos apresentados em seu livro *A reencarnação* (Cap. IX, *Reminiscência ou clarividência*), cuja leitura empolgante enriquece a mente do espírita. Impossível citar alguns desses exemplos, que poderiam alongar demasiadamente a nossa tese. Cumpre-nos, porém, informar o leitor de apenas um desses aludidos exemplos, pelo encantamento das circunstâncias em que foi vivido. Quem o viveu e o descreveu foi a Sra. Matilde de Krapkoff, dama francesa casada com um nobre russo, pelo ano de 1893, a quem o próprio Sr. Delanne conheceu pessoalmente. Durante uma cavalgada nas imensas florestas do interior da Crimeia, essa dama, recém-chegada à Rússia, após o casamento, e sua comitiva perderam-se na espessura das mesmas, sem poderem reencontrar o caminho de regresso ou algum outro que os levasse a qualquer aldeia onde pudessem passar a noite. É de notar que a Sra. Matilde de Krapkoff, sendo francesa, sentia tal atração pela Rússia que acabara desposando um varão russo, enquanto sua adaptação à nova pátria mais não fora do que um reencontro de coisas e costumes que viviam em seus pensamentos. Perdidos na floresta, e avizinhando-se a noite, a consternação era geral, enquanto Matilde era a única que se conservava tranquila. Vejamos com que mestria ela consegue pintar a cena das explosões das suas lembranças de uma antiga existência passada na solidão de uma aldeia russa da Crimeia, pedindo perdão ao leitor por não ser possível transcrever a narrativa por extenso:

> Meu marido vem tranquilizar-me, mas me encontra calma; sinto que sei onde estamos. Dir-se-ia que outro ser complementar entrou em mim, e que esse duplo conhece o lugar. Gravemente, declaro que todos devem sossegar, que não estamos perdidos, que é só tomar o atalho à esquerda e segui-lo; que ele nos levará a uma clareira, ao fundo da qual, por trás de umas árvores, há uma aldeia meio tártara, meio russa. Eu a vejo; suas casas erguem-se em torno de uma praça quadrada; no fundo, há um pórtico sustentado por elegantes colunas de estilo bizantino. Sob esse pórtico, bela fonte de mármore, e, atrás, os degraus de uma casa antiga, com janelinhas de caixilhos, tudo encantador de antiguidade. Parei. Falara rapidamente, com segurança. A visão era em mim nítida, precisa. Vi já tudo isso, muitas vezes, parece-me. Todos me rodeiam e olham com espanto; que singular gracejo! Isso lhes parece fora de propósito, mas essas francesas...
>
> Devia estar pálida; fiquei gelada. Meu marido me examina com inquietação, mas eu repito alto:
>
> — Sim, tudo está certo e vocês vão ver.
>
> Torço as rédeas para o atalho à esquerda. Como me tratam qual uma criança querida, e os guias, acabrunhados, se acham sentados no chão, seguem-me, um tanto maquinalmente, sem cuidarem do que se passa.
>
> O quadro evocado está sempre em mim, eu o vejo e sinto-me calma. Meu marido, perturbado, diz ao irmão:
>
> — Minha mulher pode ter o dom da segunda vista, e, uma vez que estamos perdidos, vamos com ela.

Robustecida pela sua aprovação, meto-me pelas matas, que cada vez se adensam menos, e corto pelo bosque, tanta é a impaciência de chegar. Ninguém fala; a bruma se eleva e nada faz pressentir uma clareira, mas eu sei que ela está lá, bem diante de nós, e prossigo a marcha. Estendo, enfim, o braço, e com o chicote aponto para a clareira, palavra mágica. Há exclamações, todos se apressam; é uma clareira, mais comprida que larga; veem-na entre a penumbra; o fundo perde-se na bruma, mas os cavalos, também eles, parecem sentir que estamos prestes a chegar, galopam, e vamos dar com grandes árvores, sob as quais penetramos.

Estou fora de mim, projetada para o que quero ver. Um último véu se desprende. Vejo uma fraca luz e, ao mesmo tempo, uma voz murmura, não ao meu ouvido, mas a meu coração:

— Marina, ó Marina, eis que voltas! Tua fonte rumoreja ainda, tua casa está sempre lá. Sê bem-vinda, cara Marina!

Ah, que comoção, que alegria sobre-humana!

Jaz ali tudo diante de mim, o pórtico, a fonte, a casa. É demais: cambaleio e caio, mas meu marido logo me apanha e coloca docemente sobre esta terra, que é minha, perto de minha doce fonte. Como descrever meu enlevo? Estou prostrada pela emoção; caio em soluços. Sombras aparecem; fala-se russo, tártaro. Levam-me para a casa; minhas pernas claudicantes sobem os degraus. O coração se me confrange, ao atravessar-lhe os umbrais. Depois, de repente, à ficção substitui-se a realidade; vejo um quarto desconhecido, objetos estranhos; a sombra de Marina apaga-se; não saberei jamais quem ela foi, nem quando viveu, mas sei que estava aqui, que morreu jovem. Sinto-o, estou certa...

Como vemos, nesse caso a recordação se expande no momento preciso; a subconsciência expulsa, momentaneamente, ao calor de uma emoção forte, as ondas das lembranças calcadas nos seus refolhos, há choque emocional e sofrimento indefinível, pois não é com facilidade que semelhante operação se realiza nos sagrados repositórios da alma humana.

Recordações da mediunidade

Por tudo isso, pois, conforme ficou dito, chegaremos à conclusão de que o fato é mais comum do que se supunha e que nem sempre ocasionará a citada pseudoloucura, senão quando aí existam fatores conscienciais muito graves ou quando o cérebro físico e o sistema nervoso, por muito frágeis, não suportarem os choques emocionais advindos do fato, embora, de um modo geral, comova e aturda o paciente.

Tendo exposto aos prováveis leitores a possibilidade de a criatura humana, em situação excepcional, recordar as próprias existências pretéritas, possibilidades referendadas por testemunhos insuspeitos, sentimo-nos à vontade para igualmente apresentar o nosso testemunho no singular certame, pois que também trouxemos, para a presente encarnação, certas lembranças, muito vivas, de determinados episódios de nossa anterior existência terrena. Para nós, no entanto, esse fato constituiu duríssima provação, e certamente teríamos sucumbido a uma loucura total, ou mesmo ao suicídio, se não tivéramos a felicidade de, desde muito cedo, ser amparada pela grandiosa proteção da Doutrina dos Espíritos e do Evangelho de Jesus Cristo, que, com efeito, possuem recursos para remediar todos os impasses da vida humana. Cumpre, porém, advertir que, nestas páginas, tratamos de recordações diretas que o indivíduo possa ter de suas migrações terrestres do pretérito, e não de revelações transmitidas por possíveis médiuns. Baseando-nos nos próprios códigos do Espiritismo, com eles acreditamos que tais revelações, com exceções raríssimas, são sempre duvidosas e nenhum de nós deverá dar a elas grande apreço, porque os mistificadores do Invisível frequentemente se divertem à custa de espíritas curiosos e invigilantes, servindo-se de tais revelações, ao passo que, por sua vez, o médium poderá deixar influenciar-se pelas excitações da própria imaginação e dizer, como da parte de um instrutor espiritual, o que a sua própria mente criou, pois tudo isso é possível e até previsto pelas instruções da ciência espírita e pela prática da mesma. O que sentirmos dentro de nós, o que a nossa própria consciência nos revela, as visões que, voluntariamente, nossos guias espirituais nos proporcionarem durante o sono provocado por eles próprios, o que recordamos, enfim, até a angústia, a saudade, o desespero, a convicção real, e não fantasiosa, e o que a nossa própria vida confirma; ou o que recordamos até o benefício da consolação, da emoção balsamizante, da esperança no futuro e mesmo da alegria santa do nosso espírito, isso sim, poderemos aceitar como testemunhos da verdade vivida em outras etapas reencarnatórias.

As páginas que se seguem, extraídas sempre do nosso arquivo de memórias, são a narrativa da triste infância que tivemos devido às recordações conservadas, ao reencarnar, da nossa passada existência. Que o leitor julgue do que foram a infância e a juventude que tivemos, e que as virtudes do Consolador enviado por Jesus puderam acalentar e remediar sob a proteção do amor, do trabalho e da fé.

*

Minha primeira infância destacou-se pelo traço de infortúnio, que foi certamente a consequência da má atuação do meu livre-arbítrio em existências passadas. E uma das razões de tal infortúnio foi a lembrança, muito significativa, que em mim permanecia, da última existência que tivera. Desde os 3 anos, segundo informações de minha mãe e de minha avó paterna, pois com esta vivi grande parte da infância, neguei-me a reconhecer em meus parentes, e principalmente em meu pai, aqueles a quem eu deveria amar com desprendimento e ternura. Sentia que o meu círculo de afinidades afetivas não era aquele em que eu agora vivia, pois lembrava-me do meu pai, da passada existência terrena, a quem muito amava, pedindo insistentemente, até muito tempo mais tarde, para que me levassem de volta para a casa dele. Tratava-se do Espírito Charles, a quem eu via frequentemente em nossa casa, conforme explicações do capítulo anterior. Eu o descrevia com minúcias para quem me quisesse ouvir, mas fazia-o por entre lágrimas, qual a criança perdida entre estranhos, sentindo, dos 3 aos 9 anos, uma saudade torturante desse pai, saudade que, nos dias presentes, se não mais me tortura tanto, também ainda se não extinguiu do meu coração. Se as suas aparições eram frequentes, eu me sentia amparada e mais ou menos serena, pois ele me falava, conversávamos, embora jamais eu me recordasse do que tratavam as nossas conversações, tal como acontecia com a outra entidade, Roberto. Mas, se as aparições escasseavam, advinha amargor insuportável para mim, fato que tornou a minha infância um problema tanto para mim como para os meus.

Até os 9 anos não me lembro de que concordasse, de boa mente, em pedir a bênção a meu pai, o da atual existência. Negava-me a fazê-lo porque — afirmava convicta e veemente — 'Esse não é o meu pai!' E entrava a explicar a minha mãe, que tentava contornar a situação, a ele próprio e à minha avó paterna, que foi o anjo bom da minha infância, como era a personagem que dominava as minhas recordações.

Detalhes singulares viviam em meus pensamentos por essa época: Referindo-me à 'casa de meu pai', eu descrevia um saguão que me era muito familiar, de tijolos de cerâmica, coloniais, onde a 'minha carruagem' entrava para eu subir ou descer. Havia aí uma escada interna pela qual eu subia para os andares superiores — narrava eu, desfeita em prantos, descrevendo a casa a fim de que me levassem novamente para lá — e o corrimão da mesma, com o balcão lavrado em obra de talha, pintado de branco e com frisos dourados, mostrava o motivo de uma corsa perseguida por um cão e pelo caçador em atitude de atirar com a espingarda. O caçador — mais tarde eu o compreendi — era tipo holandês do século XVII. No entanto, jamais me referia a minha mãe de então, isto é, da existência passada, o que leva à suposição de que eu teria sido mais afim com o pai, visto que foi o sentimento consagrado a ele que venceu o tempo, dominando até mesmo a dificuldade de uma reencarnação. Todavia, se jamais me referia a minha mãe de outrora, lembrava-me muito bem dos vestuários que provavelmente foram por mim usados, e graças a tal particularidade mais tarde foi possível levantar a época em que se teria verificado a minha última existência terrestre: Época de Allan Kardec, de Victor Hugo, de Frédéric Chopin, ou seja, mais ou menos de 1830 a 1870 (reinado de Luís Filipe e Império de Napoleão III, na França).

À hora do banho, à tarde, frequentemente eu exigia de minha avó certo vestido de rendas negras com grandes babados e forros de seda vermelha, 'muito armado' e amplo, inexistente em nossa casa, e que eu jamais vira. Pedia as mitenes (eu dizia 'luvas sem dedos', coisa que também jamais vira); pedia a mantilha (xale) e a carruagem para o passeio, porque 'o meu pai esperava para sairmos juntos'. Admirava-me muito de não encontrar nada disso, assim como também os quadros que viviam em minhas lembranças, quadros de grandes proporções, os quais eu procurava pela casa toda a fim de revê-los, sem, todavia, encontrá-los, e que, certamente, seriam coleções de arte ou pinacoteca dos antepassados da família da última existência. Reparava então, decepcionada, as paredes, muito pobres, da casa de minha avó ou da de meus pais, e, subitamente, não sei que horrorosas crises advinham para me alucinar, durante as quais verdadeiros ataques de nervos, ou o que quer que fosse, e descontroles sentimentais indescritíveis, uma saudade elevada a grau super-humano, me levavam quase à loucura. Passava dias e noites em choro e excitações, que perturbavam toda a família, e o motivo era sempre o mesmo: o desejo de regressar à 'casa de meu pai', de onde me sentia banida, a saudade angustiosa que sentia dele e de tudo o mais de que me reconhecia separada. Em tais condições, não podia folgar com as outras crianças e jamais senti prazer num divertimento infantil. Em verdade não encontrei jamais, desde a infância, satisfação e alegria em parte alguma. Fui, portanto, uma criança esquiva, sombria, excessivamente séria, criança sem risos nem peraltices, atormentada de saudades e angústias, imagem, na Terra, daqueles réprobos do suicídio descritos nos livros especificados. O lenitivo para tão anormal situação apenas advinha dos trabalhos escolares, pois muito cedo comecei a frequentar a escola, e do amor com que me assistia minha avó paterna, já mencionada, a qual, não obstante os seus pendores materialistas, me ensinou a orar muito cedo, suplicando a proteção de Maria santíssima.

Certo dia, aos 7 anos, lembro-me ainda de que, ao me tentarem obrigar a pedir a bênção a meu pai, recusei e expliquei veemente:

— Esse não é o meu pai! O meu usa um paletó muito comprido (sobrecasaca ou coisa semelhante), com uma capinha dos lados (trajes masculinos do tempo de Luís Filipe I, da França); um chapéu muito alto e cabelos 'meio brancos' (grisalhos) e mais compridos. E usa bigodes grandes. Ele é 'um pouco velho'... não é moço como 'esse aí, não!...'

Tal franqueza, que para mim representava uma grande dor, para os demais nada mais seria do que petulância e desrespeito. Valeu-me, nesse dia, boa dose de chineladas ministradas por meu pai, o que muito me surpreendeu e fez que me considerasse mártir, pois fui castigada desconhecendo o motivo por que o era, visto que, sinceramente, o pai por mim reconhecido era o Espírito que frequentemente eu via e do qual me lembrava com inconsolável saudade. Na verdade, eu necessitava mais de tratamento físico, com vistas ao sistema nervoso e psíquico, visando ao suprimento de fluidos balsamizantes, para o traumatismo sediado no perispírito, do que de repreensões e castigos corporais, cujas razões eu não compreendia. O castigo de que, realmente, eu necessitava ali estava, na tortura de conservar a lembrança de um pai amado de uma passada existência, quando ali estava o pai do presente requerendo igual sentimento e respeito idêntico, mas apenas temido, e não propriamente amado, e no qual sempre deparei a severidade, útil e muito necessária à minha situação atual.

No entanto, bastaria uma série de passes bem aplicados, frequência às reuniões de estudo evangélico num Centro Espírita bem orientado e preces, para que tão anormal situação declinasse. Se, como é evidente, o fato de recordar existências passadas é, antes de mais nada, uma faculdade, aquele tratamento tê-la-ia adormecido em mim, desaparecendo as incomodativas explosões da subconsciência, ou talvez fosse mesmo necessária, ao meu reajustamento moral-espiritual, a conservação das ditas lembranças, e por isso elas foram conservadas. O caso, porém, é que, posteriormente, eu mesma, depois de bem norteadas as minhas faculdades supranormais, tratei, com meus guias espirituais, de algumas crianças assim anormalizadas, conseguindo resolver terríveis impasses de natureza semelhante. Apesar de meu pai se ter convertido à crença espírita antes mesmo do meu nascimento, e certamente porque ao meu espírito seria necessário que tais lembranças não fossem banidas da minha consciência, esse tratamento não foi tentado e eu tive de vencer a primeira infância rudemente torturada por uma situação inteiramente anormal, dolorosa. Mais tarde, atingindo os 9 anos, é que esse tratamento naturalmente se impôs e, com os tradicionais passes, terapêutica celeste que balsamizou minhas amarguras de então, sobrevieram tréguas e consegui mais serenidade para a continuação da existência.

Entretanto, outra entidade igualmente dominava as minhas recordações durante a infância. Tratava-se do Espírito a quem eu denominava Roberto, conforme explicações do capítulo anterior. Eu não o poderia, efetivamente, esquecer, uma vez que sua presença em nossa casa era constante, durante toda a minha infância e grande parte da juventude. Tal acontecimento aviventava estranhas impressões em meu ser, e, se demorava a revê-lo, saudades muito vivas me pungiam o coração. Não raro perguntava por ele à minha avó, pedindo-lhe que o mandasse chamar; mas um sentimento indefinível se entrechocava em minha alma a respeito desse Espírito, que eu sabia ser amigo e me amar com veemência. Eu o julgava então um parente muito próximo, ao qual me sentia ligada e cuja companhia me era habitual. Grande e afetuosa atração me impelia para ele. Não obstante, detinha-me certo temor quando o via e por algumas vezes me assustei com sua presença, temi-o, e, em gritos de pavor, procurava socorro nos braços de minha avó. Mais tarde ele próprio corrigiu tais distúrbios de minha mente, afirmando que esse terror nada mais era que reflexo consciencial do remorso pelo deslize praticado contra ele em passada existência, mas que tal acontecimento se perdera no abismo do pretérito, que eu agora já não seria capaz de assim proceder e por isso não assistiam razões para tanto me amesquinhar em sua presença. Que, além do mais, desde muito ele me favorecera com o perdão sinceramente extraído do coração, e eu, arrependida, reencarnara decidida a reparar o erro do passado a despeito de quaisquer sofrimentos e sacrifícios. Acrescentava que longo passado de amor unia os nossos Espíritos através do tempo e que, portanto, laços espirituais indissolúveis igualmente nos uniriam para o futuro. Tão perfeitas eram as suas aparições à minha vidência que, certa vez, contando eu 5 anos, lembro-me de que, encostando casualmente o pulso num ferro de engomar superaquecido, eu me queimei e daí resultou uma ferida muito dolorosa. Dois ou três dias depois de tal ocorrência, esse Espírito apresentou-se-me sentado na cadeira da sala de visitas, onde frequentemente eu o via, em casa de minha avó. Chamou-me para junto dele, como habitualmente fazia; mas porque eu não o atendesse de imediato, estendeu a mão e segurou-me pelo pulso ferido, atraindo-me para ele. O contato magoou-me horrivelmente e eu me pus a chorar, explicando à minha avó o que se passava. No entanto, ninguém atinava com a identidade daquele 'Roberto, o moço de barbinha', a quem eu me referia e a quem indicava como estando sentado na cadeira, pois não era visto por mais ninguém. Lembro-me ainda do pesar, do desapontamento de sua fisionomia compreendendo que me magoara com o seu gesto afetuoso. E porque eu me refugiasse junto a minha avó, que casualmente se encontrava de pé, no centro da sala, e procurasse esconder-me dele, encobrindo o rosto em suas saias, também ele, procurando distrair-me, escondia o próprio rosto entre as mãos, para me espionar de esguelha. Pus-me a rir, cobrindo e descobrindo o rosto, como brincando de esconde-esconde. Por sua vez, ele fazia o mesmo com as mãos, e dentro em pouco eu me via satisfeita, dirigindo-me sempre à cadeira, que para outrem continuava vazia, mas que para mim mostrava o ser mais amado pelo meu espírito, em todos os tempos, depois daquele outro a quem eu reconhecia como pai. A constância dessa entidade a meu lado prolongou-se até a minha juventude, e, se fora possível uma obsessão partir de um Espírito em boas condições, que ama em vez de odiar, houve obsessão dele sobre mim. Era como um noivo, um esposo amante que morrera e não se conformava com a separação. Aos 12 anos já eu produzia literatura profana sob seu controle mediúnico (essa entidade nunca produziu literatura doutrinária, embora me concedesse copiosa literatura profana), sem contudo eu mesma estar muito certa do fenômeno. Sob o seu influxo, eu escrevia febrilmente, sem nada pensar, completamente desperta, sem orar previamente, apenas sentindo o braço impulsionado por força incontrolável. Tratava-se de estilo literário vivo, apaixonado, veemente, muito positivo, impossível de pertencer a uma menina de 12 anos. Ao que parece, a dita entidade fora literato e poeta, e posteriormente essas produções mediúnicas foram publicadas em jornais e revistas do interior sem, todavia, ser esclarecida a sua verdadeira origem. Explicava ele, então, que me preparava para futuros desempenhos literários-espíritas.

Assim, pois, a atuação da entidade Roberto exerceu ação poderosa sobre o meu caráter. Melancolia profunda acompanhou-me a vida inteira devido à sua influência, e minha consciência, reconhecendo-se culpada diante dele, negava-me quaisquer possibilidades de alegrias para o coração. Eu, aliás, não poderia esquecer facilmente certos detalhes de minha passada existência, porque as entidades Charles e Roberto pareciam interessadas em conservá-los. De certa feita, Charles declarou mesmo, veemente e autoritário qual enérgico pai:

— Não deixarei que esqueças certos episódios por ti vividos na anterior existência, porque será o único meio de te fazer refletir para a emenda definitiva. Não te pouparei os sofrimentos daí advindos. O que poderei fazer é ajudar-te a suportá-los com firmeza de ânimo, e isso eu o farei.

E, com efeito, não só me há ajudado a vencer as intensas peripécias que me foram dadas a experimentar neste mundo, como também, por meio do seu auxílio, boas resoluções tenho tomado em meu próprio benefício, e tudo sob inspirações extraídas das impressões deixadas por aquelas recordações, que, se muito me fizeram sofrer, também me transmitiram a certeza de que era justo que eu as sofresse, visto ter errado outrora, e que, depois da série de expiações necessárias, outras fases de progresso e ensejos felizes advirão.

Prosseguindo, esclarecerei que, às vezes, as mesmas recordações pareciam surgir subitamente, dando a entender que seriam antes extraídas da minha consciência profunda por uma vontade exterior, uma sugestão de entidades do Invisível, tal a operação dos magnetizadores e cientistas com os *sujets* sobre quem estudavam os fenômenos de regressão da memória, para indagações sobre a reencarnação, durante o transe sonambúlico. Os fatos curiosos que passarei a narrar em seguida, durante os quais me vi representando, por assim dizer, o singular papel de *sujet* de um operador do mundo invisível, levam-me a crer isso, ao mesmo tempo que desdobra o motivo das citadas recordações de existências passadas.

*

Nos meus 14 e 15 anos, eu residia nas proximidades do Cemitério Municipal, na cidade de Barra Mansa, estado do Rio de Janeiro. Nessa localidade foi que se acentuaram certos fenômenos que desde a infância ensaiavam verificar-se com a minha personalidade. Frequentemente eu caía em transes espontâneos de desdobramento espiritual, durante a noite, creio que por meio da catalepsia parcial (sem atingir o cérebro), visto que, ao despertar, eu recordava grande parte do que então se passava. Nessas ocasiões eu via a entidade Roberto presente ao momento do desprendimento, como se fora ela a provocar o fenômeno. Uma vez completado este, levava-me não sei para onde, mas depois perdia-a de vista. Então eram revividos para mim, e eu os via novamente, com intensidade, grandes trechos do drama por mim provocado em minha anterior existência: os meus erros, as amargas consequências deles para aqueles mesmos a quem eu mais amava, minha própria felicidade destruída, a morte dele, Roberto, e de uma criança regulando 6 a 7 anos, mortes pelas quais eu me sentia responsável etc. Eu novamente me sentia, então, presa do remorso que infelicitou a minha consciência; e, como louca, percorria as dependências da casa em que habitei nessa passada existência, agitada por crises de desespero inconsolável. Móveis, lindos quadros a óleo, tapetes, espelhos, reposteiros etc., etc., a escada de serviço, com o balcão em obra de talha, de que eu tanto me lembrava em criança, a carruagem, igualmente lembrada, o parque rodeando a habitação e até a rua onde se situava o casarão senhorial, tudo eu revia, habitava novamente o mesmo lar antigo que fora meu, aquele lar do qual tantas e tão desesperadoras saudades eu sentia na infância, enquanto a sequência das ocorrências prosseguia, como se extraída por outrem da minha consciência profunda até me conduzir a um campo santo, onde eu procurava um túmulo por entre lágrimas de desespero, coberta de luto e com véus negros na cabeça, acompanhada de "meu pai", ou seja, o próprio Charles. Que túmulo, porém, seria esse? Então, durante os transes, eu sabia que se tratava do túmulo dele próprio, Roberto, o túmulo da criança de 6 anos, talvez o mesmo onde eu própria fora sepultada outrora.

Era um grande jazigo, rendilhado em mármore, túmulo rico, apresentando excesso de detalhes ornamentais, o que me fazia considerá-lo de mau gosto, rodeado por uma grade de ferro. Entrava-se por um pequenino portão para se atingir o monumento. Havia inscrições e até versos no mármore, não só sobre a lousa principal como nas laterais. Eu me debruçava sobre ele, em Espírito, relia os versos e chorava em desespero.

Por meio de tais fenômenos, revividos no livro da minha consciência, fui informada de que minha existência anterior à presente verificou-se na Espanha, que fui educada na França, mas que o meu suicídio ocorreu em Portugal. O túmulo por mim visitado durante os transes parciais de catalepsia, ou o que quer que seja, era, portanto, em Lisboa, e tão familiar era para mim tudo aquilo que não tenho dúvidas de que, se me fosse dado visitar aquela cidade, não só reconheceria o túmulo, no caso de ele ali ainda existir, como também o cemitério e suas imediações. No entanto, é possível que a ação do progresso tivesse alterado de muito o panorama por mim entrevisto então. Revendo em nós mesmos o passado que vivemos, as paisagens se apresentam tais como eram na época em que as conhecemos, e não como são na atualidade. Hoje, portanto, aquele cemitério e suas imediações estarão alterados, pois, da ocasião em que os conheci ao momento presente, medeia mais de um século. Mesmo assim, ambos se acham tão decalcados em minhas lembranças que não me assaltam dúvidas de que os reconheceria se visitasse Lisboa, visto que durante toda a minha juventude e mocidade visitei-os em corpo espiritual, além de revê-los extraídos da minha própria consciência num fenômeno psíquico de significativa importância.

Recordações da mediunidade

Ora, conforme exposição já referida, dos 14 aos 15 anos eu residia nas proximidades do Cemitério Municipal, na cidade fluminense de Barra Mansa. Aprazia-me, então, passar as tardes entre os túmulos e quase diariamente me dirigia àquele campo-santo a título de passeio, a fim de ler na tranquilidade aprazível do local sagrado. Por disciplinas impostas por meu pai, que mantinha feição patriarcal na direção da família, raramente me era permitido um passeio, um divertimento qualquer com outras jovens da minha idade. E, por isso, porque o cemitério fosse vizinho da nossa casa, era para lá que eu me dirigia à procura de distração. Uma vez ali, sentava-me nos degraus do pedestal do cruzeiro, situado não longe do portão de entrada, e punha-me a ler enquanto entardecia, despreocupada e tranquila. Por vezes, sentava-me também à beira dos túmulos de mármore, enquanto apreciava a suavidade da tarde com as nuanças coloridas das nuvens e o gorjeio dos pássaros que regressavam aos ninhos. Romances como o *Werter*, de Goethe; *Eurico, o Presbítero*, de Alexandre Herculano; *Memórias do padre Germano*, de Amália Domingo Soler; *Marieta e Estrela*, de Daniel Suarez Artazu, o qual eu lia e relia desde os 8 anos, foram lidos e relidos naquela morada dos mortos. Frequentemente, assim sendo, eu percebia Espíritos sofredores ainda achegados aos próprios despojos carnais, que se decompunham sob a terra. Eles eram quais homens comuns, assim mesmo trajados, muito concretizados à minha visão e não vaporizados; alguns chorando, os cabelos revoltos, olhos desvairados ou aterrorizados, indo e vindo por entre os túmulos sem atinarem com o portão de saída; outros desanimados e tristes, sentados sobre o próprio túmulo como que guardando o cadáver sepultado, as vestes rotas, esfarrapadas e miseráveis, retratando no próprio duplo fluídico, ou perispírito, o mau estado da indumentária do cadáver que se decompunha com ela, e ainda outros aturdidos e surpresos, e todos feios, desolados, profundamente sofredores.

Jamais os temi. Nunca me perturbaram ou causaram qualquer dano. Eu os amava e compreendia. Ao Espírito de um suicida, reencarnado ou não, nada surpreende, nada atemoriza, nada desespera, porque ele já experimentou todas as fases da desgraça superlativa. Já por esse tempo eu tinha ciência da Doutrina Espírita, assistia a sessões práticas, estudava *O livro dos espíritos* e *O evangelho segundo o espiritismo*, além de alguns outros, e aqueles fatos, então, me pareciam naturalíssimos. Sentia-me familiarizada com aqueles sofredores como se coparticipasse do seu estado de desencarnados, e então orava em intenção deles, falava-lhes mentalmente, concentrando-me aos pés do cruzeiro, concitando-os a orar comigo e a se confiarem ao amor de Deus, que os socorreria, e regressava depois a casa, serenamente. Tal passatempo, o único que me era dado desfrutar (quem sabe seria já um compromisso, um aprendizado?), prolongou-se por muitos meses. Não fui jamais advertida por meus pais, e somente hoje avalio a grande proteção espiritual que o Céu me concedia, conservando-me isenta de infiltrações nocivas no contato de tais companhias.

Entrementes, fato singular se verificou algumas poucas vezes, e que, na citada ocasião, eu não sabia compreender, mas que com o decorrer do tempo, o conhecimento mais amplo da Doutrina Espírita e a experiência adquirida no contato da mediunidade convenceram-me tratar-se de um estado como que de expansão da subconsciência, fenômeno psíquico, portanto, certamente mediúnico, visto que a mediunidade não implica tão só o intercâmbio com entidades desencarnadas, mas também um complexo de fatos e acontecimentos ainda não devidamente estudados e classificados. O nosso Espírito — não devemos esquecê-lo — é um repositório de forças incomensuráveis, possuímos em nossa organização espiritual poderes múltiplos e ainda longe nos encontramos de avaliá-los na sua profundidade. Não afirmarei, portanto, que o fenômeno que me acometeu algumas vezes, durante os passeios ao cemitério, fosse um transe mediúnico na sua feição comum. O que é certo, porém, é que a ocorrência deverá ser apreciada como, talvez, uma variante do fenômeno de regressão da memória, súbita intromissão de recordações contidas nos arquivos do perispírito, provocada por um agente espiritual, o qual não seria outro senão o próprio amigo Roberto, que assim mesmo procedia durante os transes de desdobramento do meu espírito, e, portanto, fenômeno implicando uma faculdade. Nas citadas ocasiões, pois, eu começava pressentindo a presença espiritual de Roberto, sem contudo distingui-lo com a vidência. Subitamente entrava a sofrer angústia insuportável, durante a permanência no cemitério. Procurava dominá-la, mas era impotente para consegui-lo, porque ela existia muito dentro do meu ser, era o mesmo estado de sofrimento moral experimentado na infância e durante os desprendimentos em espírito, quando me reportava ao passado. Levantava-me então de onde me sentava e começava a visitar os jazigos e túmulos de mármore *à procura do túmulo de Roberto*. Advinha-me a certeza de que ele estava sepultado ali, que *talvez estivesse vivo sob a terra*, atroz saudade me torturava o coração, confusão insuportável desorientava o meu raciocínio, eu me sentia como que aérea e vaga, e chorava, acometida de dor moral deprimente, como se o coração se despedaçasse. Aprofundava-me pelo cemitério adentro procurando os recantos mais sombrios, chamando-o sempre pelo nome, como que atingida de uma volúpia de dor e desgraça. Todavia, não perdia totalmente a consciência do estado presente, tanto assim que me esforçava para não gritar e despertar a atenção de estranhos que por ali se encontrassem, conseguindo, assim, atenuar o terrível impasse que se apresentava independente da minha vontade, lembrando-me de tudo até os dias presentes.

Que fenômeno, pois, seria esse? Seria realmente um transe? Seria a expansão da subconsciência recordando o passado, cuja lembrança, se implicar expiação, poderá levar o paciente à loucura? Seria provocado pela própria entidade interessada em não ser esquecida, isto é, Roberto?

Seria, certamente, a eclosão do passado, provocada pelo próprio companheiro de outras vidas...

O ambiente do campo-santo, a presença do Espírito Roberto, ainda carregado de dolorosas recordações, o meu drama íntimo do pretérito, o desejo que ele próprio, Roberto, tinha de que nenhum detalhe desse passado fosse por mim esquecido reviviam na minha consciência normal partículas de ocorrências vividas outrora, ocorrências que se teriam desenrolado após a morte dele próprio, e que resultaram no desequilíbrio que me levou ao suicídio de então. O estado, pois, que agora ecoava da minha subconsciência seria pálido reflexo do mesmo que me acometera no passado, os delírios de um coração grandemente ferido por si próprio, e de uma consciência culpada antecedendo o ato do suicídio. Todavia, igualmente de súbito eu voltava a mim, reintegrando-me no presente. O transe cessava. Sentia-me atordoada, estranha a mim mesma, apavorada durante alguns segundos, mas certa de que um passado terrível vivia calcado nos arquivos da minha alma. Horrorizava-me a ideia de que eu estivesse obsidiada... e então me retirava do cemitério convencida de que eu mesma fora, noutro tempo, aprisionada num túmulo como aqueles, por um acontecimento trágico, que não podia definir...

Semelhantes choques, assim continuados desde a infância, teriam fatalmente de afetar o meu estado geral, físico e psíquico. Inquieta, minha mãe providenciou tratamento em excelente núcleo espírita da localidade, a antiga Assistência Espírita Bittencourt Sampaio, dirigida pelo lúcido espírita e médium Zico Horta (Manoel Ferreira Horta), o qual procurou contornar a situação com os recursos fornecidos pelo Espiritismo. Talvez advertido por quem de direito, Roberto afastou-se de mim, ou pelo menos já não se insinuava tanto, pois durante o espaço de quatro anos não o pressenti sequer, ao meu lado. Um período de tréguas adveio, durante o qual fui pessoa normal, consciente já das grandes responsabilidades que me pesavam e entristecida pela certeza daquele tumultuoso passado de outras vidas. Porque fosse advertida pelo nobre Espírito Bittencourt Sampaio, de que pesadas tarefas me aguardavam na prática do Espiritismo, dediquei-me ao estudo criterioso da Doutrina, preparando-me para o cumprimento dos deveres que me acenavam. O futuro, porém, reservava-me também o mais importante transe de regressão da memória que poderia ocorrer com a minha personalidade, como veremos em seguida.

OS ARQUIVOS DA ALMA

Mergulhado na vida corpórea, perde o Espírito, momentaneamente, a lembrança de suas experiências anteriores, como se um véu as cobrisse. Todavia, conserva algumas vezes vaga consciência dessas vidas, que, mesmo em certas circunstâncias, lhe podem ser reveladas. Esta revelação, porém, só os Espíritos superiores espontaneamente lha fazem, com um fim útil, nunca para satisfazer a vã curiosidade.

(Allan Kardec, O livro dos espíritos, q. 399.)

*

E não é somente após a morte que o Espírito recobra a lembrança do passado. Pode dizer-se que jamais a perde, pois que, como a experiência o demonstra, mesmo encarnado, adormecido o corpo, ocasião em que goza de certa liberdade, o Espírito tem consciência de seus atos anteriores; sabe por que sofre e que sofre com justiça.

(Allan Kardec, O evangelho segundo o espiritismo, cap. V, it. 11.)

O estudo do perispírito, sua organização, suas propriedades, sua utilidade e necessidade na organização humana, suas possibilidades verdadeiramente fabulosas, encantadoras, constituem, por certo, uma das maiores atrações da Doutrina dos Espíritos. Esse delicado invólucro da alma, inigualavelmente concreto, poderoso, nas funções que foi chamado a exercer na personalidade humana, é também denominado "corpo fluídico", dada a estrutura da sua natureza, que, segundo os sábios pesquisadores da Ciência Espírita, é composta de três espécies de fluido: o fluido elétrico, o fluido magnético e o fluido cósmico universal, este também considerado pelos espiritistas a quinta-essência da matéria. Esse corpo fluídico da alma, pois, que jamais a abandona, que, qual ela própria, é imortal, mas não imutável, pois evolui, partindo dos graus primitivos até galgar os pináculos da superioridade, seguindo o mesmo trajeto glorioso daquela essência divina, ou seja, a alma; esse admirável corpo intermediário, que tanto participa do fluido imponderável como da matéria sublimada à quinta-essência; o perispírito, chamado também "mediador plástico", é também o transmissor das vontades da alma, ou ser inteligente, à ação da matéria humanizada, ou corpo físico humano; é a sede das sensações que agitam nossas sensibilidades, sensações que tanto mais amplas serão quanto mais ele próprio progrida; esse "corpo celeste", como o definiu o grande Paulo de Tarso, "corpo astral", no enunciado dos orientalistas, tão indispensável à alma para os fins da reencarnação, de onde lhe advém a confirmação do progresso; o perispírito, forma, é esteio que mantém e conserva a própria estrutura do corpo carnal, conservando a personalidade detida na carne: pensamento, vontade, memória, fisionomia etc., enquanto as células humanas sofrem as variadas renovações periódicas, além de outras singulares propriedades possui, também, uma das mais importantes que a mentalidade humana poderia conceber, consoante o provaram numerosas experiências científicas: ele arquiva em seus refolhos, como que superpostos em camadas vibratórias, todos os acontecimentos, todos os fatos, atos, sensações, e até os pensamentos que tenhamos produzido através das nossas imensas etapas evolutivas. Referindo-se a esse magnífico envoltório intermediário, explicam os grandes mestres da Doutrina Espírita:

Como o carvalho que guarda em si os sinais de seus desenvolvimentos anuais — escreve Léon Denis no capítulo XXIII de *Depois da morte* —, assim também o perispírito conserva, sob suas aparências presentes, os vestígios das vidas anteriores, dos estados (humanos e espirituais) sucessivamente percorridos. Esses vestígios repousam em nós muitas vezes esquecidos; porém, desde que a alma os evoca, desperta a sua recordação, eles reaparecem, como outras tantas testemunhas, balizando o caminho longa e penosamente percorrido.

E no capítulo VIII, de *O problema do ser, do destino e da dor*:

...no sono, no sonambulismo, no êxtase, desde que à alma se abre uma saída através do invólucro de matéria que a oprime e agrilhoa, restabelece-se imediatamente a corrente vibratória e o foco torna a adquirir toda a sua atividade. O Espírito encontra-se novamente nos seus estados anteriores de poder e liberdade. Tudo o que nele dormia desperta. As suas numerosas vidas reconstituem-se, não só com os tesouros do seu pensamento, com as reminiscências e aquisições, mas também com todas as sensações, alegrias e dores registradas no seu organismo fluídico. É esta a razão por que, no transe, a alma, vibrando as recordações do passado, afirma as suas existências anteriores e reata a cadeia misteriosa das suas transmigrações.

As menores particularidades da nossa vida registram-se em nós e deixam traços indeléveis. Pensamentos, desejos, paixões, atos bons ou maus, tudo se fixa, tudo se grava em nós. Durante o curso normal da vida, estas recordações acumulam-se em camadas sucessivas e as mais recentes acabam por delir aparentemente as mais antigas. Parece que esquecemos aqueles mil pormenores da nossa existência dissipada. Basta, porém, evocar, nas experiências hipnóticas, os tempos passados e tornar, pela vontade, a colocar o sujet numa época anterior da sua vida, na mocidade ou no estado de infância, para que essas recordações reapareçam em massa.

Tais recordações podem avançar abrangendo o estágio no Espaço, antes da reencarnação, como é sabido entre os espíritas, até rever a existência anterior, e, sendo o estado de desprendimento aprofundado, tanto no sono natural como nos diversos transes possíveis no caso, avançará até duas e mais existências passadas. É o próprio Léon Denis que cita, na mesma obra acima lembrada, esta belíssima experiência, também citada por Gabriel Delanne no seu livro *A reencarnação*, colhida de uma informação que lhe prestaram outros ilustres investigadores dos segredos contidos nos refolhos espirituais da personalidade humana. Assim se expressa o grande escritor espírita, no capítulo XIV:

> O príncipe Adam-Wisznievski, rua do Débarcadère, 7, em Paris, comunica-nos a relação que se segue, feita pelas próprias testemunhas, algumas das quais vivem ainda e que só consentiram em ser designadas por iniciais:
>
> O príncipe Galitzin, o marquês de B..., o conde de R... estavam reunidos, no verão de 1862, nas praias de Hamburgo.
>
> Uma noite, depois de terem jantado muito tarde, passeavam no parque do Cassino e ali avistaram uma pobre deitada num banco. Depois de se chegarem a ela e a interrogarem, convidaram-na a vir cear no hotel. O príncipe Galitzin, que era magnetizador, depois que ela ceou, o que fez com grande apetite, teve a ideia de magnetizá-la. Conseguiu-o à custa de grande número de passes. Qual não foi a admiração das pessoas presentes quando, profundamente adormecida, aquela que, em vigília, exprimia-se num arrevesado dialeto alemão, pôs-se a falar muito corretamente em francês, contando que reencarnara na pobreza por castigo, em consequência de haver cometido um crime na sua vida precedente, no século XVIII. Habitava então um castelo na Bretanha, à beira-mar. Por causa de um amante, quis livrar-se do marido e despenhou-o no mar, do alto de um rochedo; indicou o local do crime com grande exatidão.
>
> Graças às suas indicações, o príncipe Galitzin e o marquês de B... puderam, mais tarde, dirigir-se à Bretanha, às costas do Norte, separadamente, e entregar-se a dois inquéritos, cujos resultados foram idênticos.
>
> Havendo interrogado grande número de pessoas, não puderam, a princípio, colher informação alguma. Afinal encontraram uns camponeses já

velhos que se lembravam de ter ouvido os pais contarem a história de uma jovem e bela castelã que assassinara o marido, mandando atirá-lo ao mar. Tudo o que a pobre de Hamburgo havia dito, no estado de sonambulismo, foi reconhecido exato.

O príncipe Galitzin, regressando da França e passando por Hamburgo, interrogou o comissário de polícia a respeito dessa mulher. Este funcionário declarou-lhe que ela era inteiramente falha de instrução, falava um dialeto vulgar alemão e vivia apenas de mesquinhos recursos, como mulher de soldados.

Por sua vez Gabriel Delanne, o erudito escritor e cientista espírita, não é menos pródigo em seus importantes livros, quanto ao assunto, e se deixamos de descrever alguns exemplos por ele apresentados será para não alongar demasiadamente a presente exposição, ao passo que a revista *Reformador*, órgão da Federação Espírita Brasileira, além de outros conceituados órgãos da imprensa espírita, constantemente relata notícias autênticas de pessoas que recordam, têm certeza de que viveram e como viveram em etapas reencarnatórias passadas. Apenas nos permitiremos ainda transcrever aqui um elucidativo trecho de Gabriel Delanne, constante do capítulo VII da sua obra *A reencarnação*, "As experiências de renovações da memória":

> [...] É lógico, pois, prosseguir a regressão da memória até além dos limites da vida atual de um paciente, por meio da ação magnética. Assim fizeram os espiritistas e os sábios de que falei neste capítulo. Sem dúvida, os resultados não são sempre satisfatórios, de vez que nem todos os pacientes se acham aptos a fazer renascer o passado. Isto se deve a causas múltiplas, e a principal resulta, ao que parece, do que se poderia chamar densidade espiritual, isto é, a imperfeição relativa desse corpo fluídico, cujas vibrações não podem achar a intensidade necessária para ressuscitar o passado, de maneira suficiente, mesmo com o estímulo artificial do magnetismo. Acontece por vezes, entretanto, que, durante o estado de sono ordinário, a alma, exteriorizada temporariamente do corpo,

encontra, momentaneamente, condições favoráveis para que o renascimento do passado possa produzir-se.

Pode suceder que essa renovação seja acidental, como em relâmpagos, no estado normal. Assiste-se, então, a uma revivescência de imagens antigas que dão àquele que as experimenta a impressão de que já viu cidades ou paisagens, ainda que nunca lá fosse.

Entretanto, a prática do Espiritismo e o ensino dos Espíritos, na atualidade, também parecem demonstrar que outras circunstâncias podem cooperar para as recordações aflorarem do passado, e que não apenas os Espíritos superiores, encarnados ou não, se acham na situação de lembrarem algo das próprias existências percorridas, conquanto o fato se declare chocante, mesmo circulado de anormalidades, e à revelia da vontade do paciente.

Também poderemos apresentar o nosso testemunho a respeito da regressão da memória no estado de transe, como apresentamos as lembranças, embora restritas, da passada migração terrena, visto que será dever registrarmos os fenômenos autênticos do nosso conhecimento, a fim de também contribuirmos para a solidificação das teses espíritas. Passaremos, pois, à narrativa de acontecimentos que nos dizem respeito, encaixados na tese em apreço.

*

Pelo ano de 1942 minhas provações, intensas desde a infância, se agravaram profundamente. Não me permitirei explicá-las aqui, mas afirmarei que foram inesperadas e violentas. Havendo lutado e sofrido sem tréguas, por assim dizer, desde tanto tempo, não resisti aos novos embates que então avultaram e adoeci gravemente, de um choque nervoso que me manteve inconsciente, como desmaiada, durante dois longos meses. Em verdade, tal choque mais não seria que um estado mais pronunciado do traumatismo trazido pelo perispírito no ato da reencarnação, traumatismo inevitável, consequente do suicídio da passada existência, e cuja primeira manifestação ostensiva certamente que se verificou no primeiro mês de minha presente existência. O certo foi que durante dois meses permaneci em estado singular, como de transe incompreensível, estado de coma, por assim dizer, sem comer, sem falar, respirando debilmente, vencida por sonolência insólita, e alimentando-me artificialmente, com auxílio alheio. Não se tratava de transe letárgico, porque posteriormente recordei o que comigo se passou espiritualmente, e no estado de letargia não é possível a lembrança do que se passa com o espírito do paciente. Também não foi a catalepsia, porquanto não houve entorpecimento dos órgãos, e tampouco se tratava do transe sonambúlico, visto que também este não permite recordação dos acontecimentos desenrolados, após o despertar.

Que estado seria então?

Seria, acaso, a sonoterapia provocada pelos guias espirituais como caridoso auxílio à minha recuperação vibratória, ou simplesmente uma das faculdades naturais em a nossa individualidade psíquica, daquelas ainda não bastante conhecidas, ou talvez, unicamente, o estado traumático?

Que seja, pois, fenômeno a ser estudado, visto que aconteceu e que eu mesma, que o sofri, não posso, verdadeiramente, classificá-lo.

A personalidade humana, como não mais ignoramos, é rica de dons e possibilidades espirituais e é bem possível que o próprio choque nervoso que me atingiu mecanicamente arrastasse as lembranças que se desencadearam então das camadas profundas da minha alma. Também é possível que fosse a manifestação da misericórdia do Alto, permitindo-me a explicação das razões por que eu assim sofria, explicações que foram reconforto para mim, permitindo-me novas forças para peripécias futuras.

Os dois médicos requisitados para a minha cabeceira não encontraram doença em meu organismo físico. Prescreveram então tratamento para o cérebro, receosos de uma possível embolia ou qualquer outro choque cerebral. Para maior singularidade da minha situação, não foi tentado nenhum tratamento espírita, porquanto eu era recém-chegada à localidade em que me encontrava e não conhecia o movimento espírita local, além do estado de inconsciência em que me encontrei, sem condições para quaisquer providências a tal respeito.

Não me recordo senão vagamente, e como em pesadelo, do que comigo se passou na Terra durante aqueles dois meses, porque não vivi na Terra. Disseram-me, mais tarde, que esperavam minha morte a qualquer momento e que noites seguidas velaram por mim, esperando o desenlace. Lembro-me apenas de que certa vez despertei sentindo o cérebro como que dilatado, tão grande que tive a impressão de que ele tomara as dimensões do próprio aposento em que me encontrava, e tudo enxerguei como tinto de sangue. Balbuciei algo num esforço supremo: "Façam uma prece!", supliquei. Mas tal murmúrio, que as pessoas que me acompanhavam mais adivinharam do que compreenderam, repercutiu tão dolorosamente em meu cérebro como se estampidos violentos o destruíssem. Faziam a prece, que não foi por mim percebida, enquanto eu retornava ao primitivo estado. Creio que nessa noite, com efeito, eu desencarnaria, se nova intervenção de Maria de Nazaré, para cujo auxílio meus familiares apelaram, não me socorresse, como na infância, quando estive a risco de ser sepultada viva.

Não obstante, vivi intensamente da vida espiritual durante aqueles dois meses e lembro-me de quanto se passou com o meu espírito, enquanto o corpo material se mantinha assim inanimado. Revivi então episódios graves de minhas existências passadas e atrasadas, existências cujos erros cometidos ocasionaram as lutas do presente, as quais em parte aqui descrevo. É bem possível que Charles, o meu Espírito familiar, me levasse a revê-las a fim de estimular em meu ser coragem para as peripécias da reparação que se impunha, como também é possível que ele apenas me amparasse, confortando-me, quando o estado traumático mecanicamente as aviventasse em minha consciência por predisposições naturais em toda personalidade e por conseguinte também na minha. Assim sendo, vivi novamente a época em que fora filha de Charles (século XIX), época em que possuíra *carruagens, vestidos de rendas com longos babados e vivia num casarão senhorial*, conforme eu mesma descrevia durante a infância, pois ele fora, com efeito, nobre europeu de família assaz conhecida na Espanha, em Portugal e na França, pelo menos, nome que não me permitirei revelar por ordem dele próprio. Dessa forma, atingi também a existência anterior e me encontrei cigana infeliz, na Espanha, bailando pelas ruas de Sevilha, de Toledo e de Madri, e depois morrendo de miséria à frente de um palácio que eu rondava cheia de ânsias e amarguras e onde pouco depois reencarnava como filha de Charles, pois era ali a residência dele. Particularizarei, porém, apenas pequeno trecho da existência passada, mais interessante para estas páginas.

Entrementes, a cena culminante do meu suicídio foi extraída dos meus arquivos mentais com detalhes patéticos para mim mesma, exatamente os detalhes que serviriam de instrução e estímulo na situação em que me encontrava. Vi-me, não como em sonho ou refletida num espelho, mas agindo como se o fato se realizasse no momento, vi-me, primeiramente, em lágrimas e desesperos, indo e vindo, alucinada, pelo casarão que me fora tão querido, bradando pelos nomes dos meus seres amados recentemente desaparecidos, e de cujas mortes eu me responsabilizava. Charles seguia-me e eu compreendia que ele, amorosamente, me advertia:

— Tem paciência e coragem, L, minha filha, volta-te para Deus e conseguirás forças para refletir e recomeçar a vida, consagrando-te ao bem...

— Está tudo perdido, é irremediável, meu pai, é irremediável, porque eles não voltarão para o meu lado a fim de me dedicar a ambos conforme mereciam e refazer com o bem o mal que pratiquei — respondi em desespero, sem querer ouvi-lo, e pranto violento, de verdadeira loucura seguia-se, estado como que pré-agônico anunciando o desespero supremo.

— Pensa um pouco em mim, lembra-te de que sou teu pai, e também a mim fazes infeliz com tal procedimento... Eu te quero acima de tudo, minha filha, não te faltarão amparo e reconforto moral... Poderemos viajar, sairemos da Europa... por que não iríamos para a América? Consultaremos médicos, Deus não nos negará auxílio... Ouve meus conselhos, obedece-me, L! Tenho direito ao teu acatamento e ao teu respeito, já que te esqueces do amor que também me deves...

E depois, no cemitério, eu me debruçava sobre o túmulo, presa de angústias insuportáveis.

Em seguida, vi-me em preparativos para o suicídio, habilmente premeditado: Tomara uma carruagem e mandara tocar para local ermo, afastado da minha residência, uma chácara, ou quinta, em Lisboa, e que até bem pouco tempo eu visitava durante os desprendimentos parciais do meu espírito. O boleeiro, porém, relutava em atender. Eu sabia que a carruagem era de aluguel e não a minha, ao reviver a cena; mas ofereci-lhe quantia tentadora e ele partiu. No local previsto, sentada sobre umas pedras, próximo a uma ribanceira, que caía para o leito de grande rio, escrevi um bilhete a meu pai, despedindo-me e rogando seu perdão. Angústia mortal me oprimia o coração e a dor insuportável do remorso e da saudade era que me impelia ao ato desesperado. Esse rio era o Tejo, de Portugal. Conquanto eu não houvesse sido portuguesa, minha morte, na existência passada, deu-se em Lisboa, assim como a daqueles que amei então.

Entreguei o bilhete ao boleeiro, ordenando que o levasse ao destino. Ele relutou ainda, desconfiado, certamente, das minhas intenções, mas talvez movido pelo respeito, ou pelo hábito de obedecer, partiu, finalmente, deixando-me só. Via-me coberta de luto, chorando a morte de uma filha de 6 anos e do meu esposo de então, ou seja, aquele mesmo Roberto, cujo Espírito me aparecia agora, no presente, desde a infância. Reconhecendo-me só, naquele sítio deserto, alegria satânica acometeu-me. Desfiz-me da capa de seda e gaze que trazia, jogando-a sobre as pedras, e atirei-me da ribanceira ao rio, sem vacilar. Reconheci-me depois no fundo das águas, como que sem sentidos, sem movimento, mas não inconsciente, empapada de lodo, e depois flutuando sobre as águas para em seguida voltar ao fundo. A extensão das águas apavorava-me. Os peixes que me roíam o corpo possuíam inteligência, eu os via atirando-se ao ataque sobre mim, compreendia seus intentos vorazes e suas ousadias como se se tratasse de um fenômeno de psicometria, o que me infundia terror indescritível. Eles me atacavam aos grupos, disputavam-me com voracidade inconcebível, brigavam por um lugar sobre mim própria, e a vida intensa que poderá existir no leito de um rio caudaloso tornou-se visível e sensível para mim, com intensidade tal que era como que um inferno liquefeito a me envolver no seu turbilhão de malefícios, oferecendo-me impressões e sensações inconcebíveis a um cérebro humano, pois esse estado pavoroso da consciência encontra-se além do limite em que a razão humana não poderá penetrar, a não ser mesmo por meio do próprio suicídio. Vi-me, depois, retirada das águas por pescadores, ou homens contratados para o feito, que me suspenderam com dificuldade, auxiliados por enormes ganchos que me espetavam o corpo, fazendo-me sofrer ainda mais esse martírio; e depois, estirada no chão, à margem do rio, desnudada, pois as roupas se haviam rompido, estraçalhadas; em miserável estado de decomposição e devastada pelos peixes; e vi também Charles como louco, ajoelhado ao pé de mim, chorando, inconsolável. Eu queria falar-lhe, rogar-lhe que me levasse para casa, e me compusesse com outras roupas, pois eu não morrera, mas não podia articular nem mesmo um pensamento completo, tudo via e sentia por meio de um pesadelo infernal, tal o estado de desfalecimento e traumatismo que me tolhia. Vi que um ajuntamento de pessoas me rodeava, mas não reconheci ninguém, e me envergonhava porquanto me sentia desnudada. Percebi que me 'supunham' morta e lamentavam o acontecimento, e terror indescritível de que me sepultassem 'viva' entrou a me exasperar, sem que, no entanto, eu pudesse dar o menor sinal de vida, adormentada como me encontrava naquele pesadelo sinistro, que enlouquece, sem contudo apagar a consciência.

O remorso pelo ato desesperado começou a me pungir, em alternativa com os antigos sofrimentos, no momento em que vi Charles a chorar, e senti, então, e compreendi, só então, o imenso amor que seu coração me consagrava. Ouvia-lhe as palavras:

— Por que fizeste isso, minha filha, por quê? Eu aconselhei-te tanto, supliquei-te que te voltasses para Deus e pensasses também um pouco em mim! Mas amaste a todos, em todos pensaste, só não pensaste em teu pai!

Tais lamentos eram acusações terríveis para a minha consciência, que se alucinava porventura ainda mais, compreendendo a justeza daqueles raciocínios:

— Por que fiz isso, meu Deus, por que fiz isso? — era o pensamento interrogativo que agora me supliciava sem interrupção. — Por que fiz isso? Mas que foi que fiz? Eu nada fiz, meu Deus... Meu pai, perdoa-me, atender-te-ei agora, nunca mais te desobedecerei, prometo, teus desejos serão ordens para mim, daqui em diante... Fala, meu pai, dize o que devo fazer agora, e atenderei, dize se me queres ainda, mas, pelo amor de Deus, não chores assim, que isso me despedaça ainda mais o coração... leva-me daqui, vamos para nossa casa... quero voltar para nossa casa, quero voltar, quero voltar... E os outros, para onde foram? aqueles por quem tanto sofro?... Dizem que estou morta, no entanto, vivo, não vês que estou viva e que te falo? Não estou morta, e por isso não encontrei senão peixes e mais peixes, feras detestáveis, e não os meus amados mortos... Por que fiz isso, meu Deus? Que se passa então? Estarei louca, finalmente? Que se passa, que se passa?...

E vi até mesmo o cemitério em que meus despojos foram sepultados. Não, não era o jazigo onde eu ia chorar, debruçada sobre o mármore, o túmulo que me abrigara. Eu era suicida... e nem o título e o ouro de meu pai, estrangeiro em Portugal, foram capazes de comprar o direito de me sepultar junto àqueles por quem eu me matara. Era apenas um pobre campo destinado a hereges, a judeus e a suicidas. E Charles, coberto de luto, ainda ali chorava, inconsolável.

*

Entrementes, não apenas o citado fenômeno se verificou durante o meu estado acima citado. Vi-me outrossim perseguida e aprisionada por falange maléfica de obsessores, encerrada em cavernas absurdas, que se me afiguravam crateras de vulcões extintos, abismos ocultos aos olhos humanos. Ali, seres negros, disformes e hediondos me supliciavam com torturas inconcebíveis, asseverando, todavia, que suspenderiam os suplícios se me aliasse de boa mente ao seu bando. Tais seres — eu o sabia — eram Espíritos de antigos inquisidores e seus carrascos, que levaram para a vida espiritual as trevas em que se envolveram durante a tragédia que alimentaram durante a encarnação, e que assim permaneciam, endurecidos, sem forças para enfrentar a epopeia da regeneração pessoal e temendo a presença da Verdade nas trevas da própria consciência. Aquele local seria, por assim dizer, o Vale dos Suicidas, descrito no volume *Memórias de um suicida*, que tão conhecido é da minha consciência, estado alucinatório obsessivo comum aos suicidas que carregam agravos de erros nos refolhos do Espírito. Ora, o certo é que, durante minha primeira infância, eu despertava, altas horas da noite, em gritos alucinantes, dizendo que negros mascarados de dominós me retalhavam o corpo e queimavam os pés com ferros quentes ou fogo vivo. Eram, certamente, brados da subconsciência ecoando durante o sono e aflorando às recordações pelo sonho ou por predisposições particulares das minhas faculdades ou necessidades psíquicas, o mesmo tipo de fenômeno, talvez, que se apresentava agora, no estado provocado pelo traumatismo.

Vi-me, porém, salva daqueles obsessores por outros grupos de trabalhadores do bem, que, orientados por individualidades espirituais certamente esclarecidas, como que me raptaram da dita caverna com o auxílio de certo elemento que se me afigurava corda, e me entregaram àqueles salvadores.

Não foi possível deter maiores detalhes desse episódio pavoroso da minha vida espiritual. Recebi-os das revelações obtidas de mim própria e não de outrem, como lição estimulante para me recuperar do desânimo e prosseguir na luta reabilitadora, pois se, com efeito, eu tanto errara no passado seria necessário que no presente me submetesse às consequências das infrações cometidas. Aliás, todas essas recordações seriam motivo de instrução, revelações também para o próximo, como os códigos doutrinários espíritas esclarecem. Nesse estado, convivi também com os

Espíritos de minha mãe, falecida três anos antes, e de minha avó materna. Entretanto não me lembro de ter sequer entrevisto meu pai e minha avó paterna, que tanto me amara e que fora como que o anjo guardião terreno suavizando os infortúnios da minha infância.

Todavia, não cessaram aí os acontecimentos do plano espiritual a meu respeito, durante aqueles dois meses de agonia do presente. Vi-me também assistida por médicos espirituais como se eles nada mais fossem do que médicos do plano terreno. Ingeria remédios, em espírito, e fui submetida a uma operação em meu corpo astral, ou perispírito, pois este era, realmente, o que enfermara. Eu me via na inteira dependência daqueles médicos, e, como doente grave, não reagia a coisa alguma nem opinava, inteiramente entregue à ação protetora daqueles beneméritos amigos. No entanto, para ingerir os remédios passava-se o seguinte:

Os tutores espirituais ou, mais acertadamente, os enfermeiros do plano astral traziam-me para junto do leito onde permanecia meu corpo carnal inerte. O perispírito, pois, aproximava-se do corpo sem, contudo, despertá-lo, nem mesmo tocá-lo. Ministravam o remédio ao perispírito, a fim de que suas essências interferissem no envoltório físico. Eu tudo via, a tudo assistia, em espírito, inclusive o corpo semimorto e o aposento em que este se encontrava, aposento que então se me afigurava feericamente iluminado por luz cujo fulgor é intraduzível, quando a verdade era que o mesmo era conservado em penumbra; compreendia o que se passava e até sentia o paladar do medicamento, com a sensação de tudo no próprio aparelho carnal, pois sentia a extraordinária afinidade, ou correlação, do perispírito com o corpo, fato impressionante, que faz crer numa comunicação eletromagnética intensíssima entre ambos. Tal fenômeno, como vemos, era idêntico ao que se passa com o recém-desencarnado, divergindo apenas no sentido inverso, ou seja, aqui, o que se passava com o perispírito era que se refletia no corpo carnal, enquanto com o recém-desencarnado se dá o contrário: o que se passa com o corpo, embora cadáver, é que se reflete no perispírito, nos casos em que sejam muito acentuadas as ligações eletromagnéticas ainda existentes, por não ter havido ainda o desligamento total com a extinção do fluido vital. Tratava-se, porém, o remédio ingerido, de um líquido pesado e oleoso, lembrando a nossa glicerina, muito doce e incolor, e, ao ingeri-lo, apresentado numa colher, pelo dedicado assistente espiritual, eu sentia nos lábios o contato frio da prata da colher, ou seja, tanto nos lábios do perispírito como nos do corpo carnal. A sensação era instantânea em ambos, sensação que me parece de origem mental, pois eu mesma criaria a frialdade da colher, mentalmente, recordando sensações de fatos terrenos análogos ocorridos comigo mesma. Por sua vez, a colher era como qualquer colher de prata de baixelas antigas: cabo artístico, bojo muito côncavo, de grossos rebordos. E o frasco do remédio, igualmente artístico, esguio, tipo aristocrata de garrafa em cristal lavrado. Tudo quanto me há sido possível observar nos planos normais do mundo espiritual possui um cunho de distinção e beleza intraduzíveis, ordem, disciplina, observância dos bons costumes, refinada educação. O médico apresentava-se com o clássico avental de serviço, ancião de barbas brancas e cabeleira farta, branca também. Não se tratava, porém, de Bezerra de Menezes, e sim daquele Dr. Carlos de Canalejas, que vemos em *Memórias de um suicida*, um dos meus amigos e protetores espirituais.

No dia da operação realizada em meu perispírito (foi à noite, pela madrugada, ocasião em que o ambiente terreno apresenta menores dificuldades para a ação dos trabalhadores espirituais), aquela mesma entidade espiritual mostrou-me certo detalhe do mesmo, à altura do coração, e disse, podendo eu, dessa vez, reter as palavras:

— Vê! São fibras luminosas, impressionáveis e delicadas ao inconcebível pelo teu pensamento... e por isso algumas foram rompidas pela intensidade da dor moral que te atingiu... advindo, então, o estado de depressão nervosa, incompatível com o sistema de vibrações necessárias à existência. Em tais condições o perispírito não suportará o contato carnal...

Em seguida mostrou-me as tais fibras, e então tive possibilidade de ver a mim mesma, à altura do coração, como num espelho mágico e muito eficiente. Com efeito, muito luminosas, como se fossem raios de sol concretizados, as fibras dir-se-iam também tenuíssimos fios elétricos que se tivessem partido (as partidas encolhiam-se, tais como fios elétricos arrebentados). Eram apenas três assim danificadas, e despendiam chispas ainda mais luminosas, exatamente como fagulhas de força elétrica de um cabo que se arrebentasse. Será o nosso perispírito então um composto de fibras de luz? O que sei, consoante a Doutrina Espírita, é que ele, o perispírito, se compõe de certa modificação do fluido cósmico universal (quinta--essência da matéria), do fluido elétrico e do fluido magnético, e sabe-se que todos três têm a mesma origem e são luminosos. No corpo carnal, justamente à altura do coração, era que eu me queixava de dores intensas e nem mesmo podia suportá-las, o que me fez cair naquele estado comatoso. No perispírito, era nesse mesmo local que eu via as fibras partidas. O médico terreno examinava o corpo material diariamente, e não encontrava afecção alguma. O médico espiritual, porém, tratava carinhosamente o corpo espiritual, medicando-o e operando-o, provavelmente religando os fios que eu vira partidos, ou as ditas fibras luminosas, com os processos do mundo astral, pois, em verdade, não assisti ao trabalho, apenas me foi concedido o ensejo de ver o dano existente em meu ser perispirítico.

Entrementes ouvia, como por um sonho, que o médico em apreço acrescentava, enquanto agia no serviço da operação, não sabendo eu se ele assim dizia desejando ser por mim ouvido para que eu mais tarde transmitisse a lição ou se realmente ministrava alguma instrução acadêmica a assistentes seus, talvez Espíritos em aprendizado no mundo astral, talvez até mesmo Espíritos de médicos encarnados, que durante o sono do corpo alçassem ao Invisível a fim de colherem novos cursos para a sua clínica humana. Dizia a eminente entidade, respondendo a uma daquelas personagens, que indagara:

— São, verdadeiramente, órgãos? — pois se referiam ao conjunto do perispírito.

— Órgãos, propriamente, como os do corpo físico humano não são nem poderiam ser. Não possuindo vocábulos para nos fazermos compreender melhor, convenhamos em chamar-lhes órgãos. São, porém, a forma semimaterial ideal dos mesmos órgãos humanos, como que baterias, acumuladoras de vida intensa, poderosas e sensíveis ao mais alto grau que podereis compreender, formas-sede de energias vibratórias incalculavelmente ricas. Essa vida, aí existente, é constituída pelas várias modificações do magnetismo ultrassensível e da eletricidade, cujos poderes totais o homem ainda não pôde abranger, ao passo que o conjunto é protegido pela camada vibratória da matéria mais rarefeita existente no planeta, a qual tudo reveste, modelando a figura humana ideal. Cada uma de tais baterias, ou órgãos, armazena uma força eletromagnética de grau ou sensibilidade diferente, ativando as funções do corpo humano: umas dão vida e energia ao cérebro, polo de maior importância em ambos os aparelhos, perispírito e físico terreno; outras ao coração, mais outras à circulação do sangue, outras mais às funções gástricas, hepáticas, genitais etc., etc., enquanto tudo será como que observado, dirigido ou fiscalizado pelo sistema nervoso, cuja sede, como sabeis, é este mesmo corpo. E assim sendo, as mesmas "baterias" trarão como que o desenho dos órgãos que deverão acionar no corpo humano...[4]

Tudo isso retive na lembrança, sonolentamente, enquanto me operaram, tendo eu a impressão de que, realmente, a ocasião fora aproveitada para uma aula, pois, como sabemos, o tempo nunca é perdido, no mundo espiritual, com uma só individualidade, tudo sendo motivo para esclarecimento e instrução à coletividade.

Auxiliavam o médico duas outras entidades desconhecidas para mim, ao passo que eu, em espírito, durante a operação, permanecia deitada sobre uma mesa em tudo idêntica às mesas de operação dos modernos

---

[4] Nota da autora: O leitor se admirará de que me fosse possível reter essa lição e descrevê-la vinte anos depois de tê-la ouvido, mas temos de nos lembrar de que aquilo que se grava em nossa memória, durante os chamados "semitranses", se torna inesquecível para o estado de vigília, decalca-se em formas indeléveis e, quando necessário, estas se levantam dos arquivos em que estão contidas, pelos canais da intuição. Assistido o médium, ao demais, pelos mentores espirituais, durante o exercício mediúnico torna-se-lhe tão mais fácil a reprodução do que foi ouvido e visto muitos anos antes.

hospitais, acima do corpo carnal inerte, o que quer dizer que o serviço era realizado no próprio aposento onde o corpo físico jazia inanimado.

Depois desse estranho acontecimento entrei em convalescença. Não obstante, ainda hoje tanto a fadiga física como o sofrimento moral fazem reaparecer as dores então sentidas e eu adoeço, sem, contudo, se constatar qualquer enfermidade do aparelho carnal. Detalhe curioso para os observadores da personalidade humana: durante o estado agudo da inconsciência sobrevinda, eu perdi a lembrança da minha atual personalidade. As raras vezes que pude falar naquele estado, segundo informações das pessoas que me assistiram, eu me reconhecia com a personalidade de minha existência passada, quando filha de Charles. O nome dele, porém, em sua última existência terrena, verificada no século XIX, não era esse.

De certa feita — contaram-mo mais tarde — sentei-me no leito e pedi apetrechos de escrita. Pus-me a escrever naturalmente, disseram, fazendo de uma almofada o apoio necessário. Escrevia lentamente, qual o aluno na aula de ditado ouvindo a tese apresentada pelo professor. Recordo-me vagamente, como em sonho, desse fato terreno. Lembro-me, no entanto, de que me via numa rica biblioteca ornada com móveis em estilo Manuelino, muito polidos, reluzentes. O recinto era fartamente iluminado com luzeiros de tons azuis. Eu me sentava à secretária e escrevia laudas de papel muito branco e como de legítimo cetim, pois que reluzia, e Charles, à minha frente, do lado oposto à secretária, ditava o que eu escrevia. Apresentava-se ele profundamente triste e trajava-se de branco luminoso, com indumentária nobre do século XVI, época em que viveu na França e foi sacrificado na célebre "matança dos huguenotes". Esse ditado foi uma mensagem explicando-me os erros por mim cometidos outrora e suplicando-me que prosseguisse na marcha reabilitadora entregando-me à causa de Jesus com todas as renúncias, pois para tal situação fora que eu reencarnara, e somente assim lograria firmeza e paz, não só diante das provações, mas também tendo em vista as tarefas mediúnicas intelectuais que deveria realizar, ao passo que renovasse a minha fé e a minha coragem porque novos testemunhos se apresentariam em minha vida, intensificando minhas lutas. A dita mensagem existe ainda em meu poder. Dir-se-ia uma carta, e há nela trechos como os que se seguem, os quais tomo ao original:

"Grande parte do que hoje sofres é o reverso do que tu mesma me fizeste sofrer, a mim, teu pai, nos dias do nosso passado terreno, naquele mesmo lar cuja lembrança te seguiu de uma existência à outra como a sombra de um remorso. Já pensaste porventura, minha filha, o que foi a dor que me pungiu o coração ao constatar que tu, a quem eu amava acima dos demais afetos da família, preferiste a morte a sofrer tuas próprias desventuras, resignada, ao pé de mim, amparando-te na minha ternura? Pensaste no que possa ser a amargura de um coração paterno que se reconhece irremediavelmente preterido pelo filho que em tudo mais pensou, que a todos os demais amou e envolveu na solicitude suprema de uma saudade, mas que ao próprio pai esqueceu, quando se entregou ao suicídio pelo amor de outrem?

Pois tu fizeste isso com teu pai!

Pensaste, acaso, no que padeci, obrigado a viver ainda naquele lar onde nasceste, depois que o abandonaste, primeiro para te entregares ao cultivo das paixões, e depois para buscar a morte voluntária fora dele? Pensaste no que sofri naquele casarão silencioso que tua saudade dominava, e quando se diria que ias e vinhas pelas salas ainda cheias da recordação da tua presença? E no que foi a minha dor ao encontrar teu corpo decomposto pelas águas, sem sequer poder beijar-te uma vez ainda?

Pois tudo isso fizeste sofrer a teu pai, pelo qual hoje tanto choras na ânsia do arrependimento.

É, pois, por mim que hoje sofres. A tua dor de hoje reflete a minha dor de ontem. Sofre, pois, resignada, mas certa de que, embora separados temporariamente, pela tua reencarnação, permaneço fiel a teu lado, consolando tuas horas tristes, fortalecendo a tua coragem nos momentos mais difíceis..."

"Sofres pela falta de um lar, que te negaram; mas por que te admiras de que não logres possuir um lar?!... O teu lar é o meu lar, minha filha, e no momento estou impossibilitado de oferecer-te um. Consola-te, pois, comigo, que também não possuo lar. Nunca mais tive lar, minha filha, desde o dia em que abandonaste aquele que foi nosso para te entregares à volúpia de um suicídio. É porventura lar, o abrigo de onde a paz se ausentou para que a dor permanecesse? Aqui, na vida espiritual, onde presentemente habito, existem lares suntuosos. Há também um à tua espera. É o meu. É o teu. Mas nem eu o habito por enquanto, porque um lar, sem ti, para mim é expressão vazia de sentido."

"Praza aos céus que, doravante, tu te voltes definitivamente para Deus, como tanto te é necessário, fiel às atitudes de renúncias gerais, para que, finalmente, consigas a paz do coração. Muito precisarás fazer nas sendas do amor a Deus, ao próximo e à verdade. E se o meu auxílio, em meio das tuas futuras lutas reparadoras, é grato ao teu coração, ter-me-ás ainda e sempre junto a ti, como o tiveste durante as peripécias dos milênios passados. Devo-te a minha ajuda diante de Deus e não faltarei ao meu dever. O esplendor egípcio já nos viu unidos pelos laços de um amor recíproco. O esplendor da Pérsia recebeu-nos novamente juntos, concedendo-nos o prosseguimento de uma união que revelava pretender a eternidade. Roma nos agasalhou na sua decadência e nos conservou unidos, não obstante os desvios imprevistos que nos feriram... Chegou a Idade Média, a face do mundo se transformou, mas nossos corações se conservaram fiéis ao antigo sentimento. Depois, a Renascença saudosa, que tanto nos viu sofrer e chorar, e, após, o século dos filósofos... e finalmente o século XIX e a Espanha. Como vês, minha filha, o século XX nos poderia contemplar definitivamente redimidos pelo amor, mas teu suicídio de ainda ontem separou-nos, afastando por um tempo imprevisível a felicidade com que sempre sonhamos e que tão penosamente vimos procurando. Ainda assim, não te deixo ao abandono, porque, mesmo quando separados pelo rigor de uma existência terrena isolada, revelo-me a ti como presentemente faço. Dia virá, porém, em que te poderei apresentar diante de Jesus, em comunhão plena com Ele, por meio da prece, para rogar-lhe:

— Senhor! Eis que vencemos o pecado e a morte, abençoa-nos na glória do teu amor.

E em nossas almas, nesse dia, certamente ecoarão palavras idênticas àquelas dirigidas a Maria prosternada a seus pés:

— Perdoados são os teus pecados, porque muito amaste.

E afianço, minha filha, que depende de ti, e não de mim, a glória desse dia!

Segue, pois, a tua jornada de reparações, visto que, se erraste ontem, é justo que hoje te reabilites pela dor e pelo trabalho. Não sofrerás sozinha: teu pai de ontem, teu pai de sempre seguirá teus passos, suavizando quanto possível os espinhos que te ferirem o coração. Ouvirás o murmúrio da minha voz como outrora, naquele lar que era nosso, durante tua infância, quando eu te adormecia nos meus braços ou à beira do teu berço..."

Uma vez terminada a escrita, que foi longa, deitei-me novamente no meu leito de dor e voltei ao estado de coma, sem haver pronunciado um monossílabo com quem quer que fosse.

*

Após a operação do perispírito, despertei e entrei em convalescença, mas não conseguia falar. A voz não vibrava, não tinha volume. Dir-se-ia que aquelas fibras perispirituais, luminosas, que eu vira rompidas e que foram religadas pelos cirurgiões espirituais, mas ainda não de todo normalizadas, impediam a vibração vocal. Eu continuava sentindo dores constantes na região do coração, enquanto o cérebro se ressentia de vacuidade e fraqueza. Lentamente, porém, foi melhorando o volume da voz, que estava lenta e baixa como um murmúrio, mas somente no fim de um ano tornou ao normal. Nesse período de convalescença encaminhou-se às minhas mãos o belo livro concedido pelo Espírito Emmanuel ao médium Francisco Cândido Xavier, *Paulo e Estêvão*, o qual eu considero a mais importante obra concedida aos homens pela Espiritualidade superior, depois da Codificação do Espiritismo. Li-o, reli-o e estudei-o com a alma voltada para o Céu e ali encontrei não apenas legítimo conforto para o coração, mas também orientação nova para a minha vida. Ao terminar sua leitura e meditação, senti-me como que ressurgida para Deus. Por sua vez, a lembrança das cenas do meu suicídio na passada existência e as revelações concedidas pelo Espírito Charles durante o transe acima citado, a certeza do seu amor imortal, da sua proteção constante, explicando-me as razões do acúmulo das provações que me feriram e infundindo-me coragem nova, foram outros tantos bálsamos que me revigoraram. Eu tinha a impressão de que acabara de reencarnar para existência nova. Aprendi com Paulo de Tarso, naquele livro, novos roteiros, decisões novas para minha experiência terrena. Em verdade, eu nunca desejara outra coisa senão me dedicar definitivamente à Doutrina Espírita, afastar-me das lutas mundanas, das incompreensões, viver exclusivamente para Deus, e minha própria mediunidade desde muito era aplicada nos serviços severos da mesma Doutrina. No entanto, minhas provações, que desafiaram todas as possibilidades de alívio e resistência, perturbaram-me o desempenho mediúnico durante muito tempo, tendo eu reconhecido então que me cumpria realizar tarefas no campo espírita, não suave e comodamente, mas em plena luta, bracejando contra as marés do infortúnio, das opressões, da má vontade do mundo a meu respeito. Assim reanimada, eu me predispus novamente ao trabalho espírita em geral, que praticava desde muito antes... aguardando os novos testemunhos anunciados pelo amigo Charles, os quais, com efeito, logo depois exigiram de mim todos os valores morais de que eu seria capaz...

Materializações

Chegada, porém, que foi a tarde daquele mesmo dia, que era o primeiro da semana, estando fechadas as portas da casa onde os discípulos se achavam juntos, por medo que tinham dos judeus, veio Jesus e se pôs em pé no meio deles, e disse-lhes: 'Paz seja convosco'.

(João, 20:19.)

*

E quando este corpo mortal se revestir da imortalidade, então se cumprirá a palavra da Escritura: 'Tragada foi a morte na vitória. Onde está, ó morte, o teu aguilhão?'

Portanto, meus irmãos, estai firmes e constantes, crescendo sempre na obra do Senhor, sabendo que o vosso trabalho não é vão no Senhor.

(Paulo, Apóstolo — I Coríntios, 15:53 a 55 e 58.)

Quem, dentre a já extensa família espírita, desdenhará a possibilidade de presenciar um fenômeno das chamadas "materializações de Espíritos desencarnados"? Quem, dentre espíritas e simpatizantes do Espiritismo, rejeitaria o ensejo de contemplar a figura espiritual de um ser querido arrebatado do convívio dos seus pela destruição do corpo físico? Quem de nós não se prosternará, reverente, diante de um fantasma que, materializado, com a aparência humana com a qual o conhecêramos, se dá à observação dos assistentes, demonstrando que "a morte foi tragada na vitória" da imortalidade, e que a dúvida quanto aos sucessos de além-túmulo foi substituída pela certeza comprovada pelos fatos científicos que se impõem por meio das almas dos próprios mortos, que voluntariamente se deixam contemplar e examinar?

Na História da humanidade não menos importante é o copioso noticiário de fatos de aparições de Espíritos, sejam para visão individual ou para apreciação coletiva. Nos dias presentes o fenômeno tornou-se por assim dizer comum, não obstante a precariedade de instrução científica da maioria daqueles que se inclinam para esse melindroso setor da Terceira Revelação. Dentre os muitos experimentadores do formoso fenômeno, alguns deles, talvez mesmo a maioria, agem levianamente, movidos pela curiosidade e a pretensão, e não obedientes ao verdadeiro senso de pesquisa, destituídos de qualquer critério científico, o que é lamentável porque desacredita a causa espírita no conceito público enquanto avultam as mistificações e as fraudes, e também a responsabilidade dos operantes em face da própria consciência. Apesar de tais prejuízos, o fenômeno existe, foi rigorosa e cientificamente demonstrado pelos mais respeitáveis representantes da Ciência no mundo inteiro, e todos nós, os espíritas leais à verdade doutrinária, deveríamos zelar por essa sublime conquista com o máximo respeito e a máxima devoção.

É grato aos estudiosos da Doutrina dos Espíritos recordar o que os livros clássicos da mesma afirmam sobre este ou aquele ponto. Nunca será vão o labor de reestudar esses admiráveis temas, que tantas luzes projetam sobre a nossa razão e tanto consolo, tanta esperança infundem em nossos corações. Por isso mesmo aqui recordaremos a palavra dos ilustres sábios que no século passado se ocuparam dos fenômenos de materializações dos Espíritos, já que voltou o interesse por esse setor da Doutrina, entre a nova geração dos espíritas. Certamente que não poderemos transcrever muitas páginas dos compêndios que tratam do assunto, compêndios que, em verdade, tão desconhecidos são para a maioria dos experimentadores dos fenômenos espíritas da atualidade. Apenas nos permitiremos recordar certos detalhes de livros célebres, que ficaram na bibliografia espírita como códigos de instrução que, juntamente, servem de ponto de apoio, ou tese, para o que em seguida descreveremos, presenciado por nós mesma. Recorramos, pois, em primeiro lugar, ao ilustre sábio William Crookes, cuja memória os espíritas veneram. Eis o que diz ele no importante livro *Fatos espíritas*, referindo-se às materializações do já célebre Espírito Katie King, cap. *Formas de Espíritos*:

> [...] Katie nunca apareceu com tão grande perfeição. Durante perto de duas horas passeou na sala, conversando familiarmente com os que estavam presentes. Várias vezes tomou-me o braço, andando, e a impressão sentida por mim era a de uma mulher viva que se achava a meu lado, e não de um visitante do outro mundo; essa impressão foi tão forte, que a tentação de repetir uma nova e curiosa experiência tornou-se-me quase irresistível.
>
> Katie disse então que, dessa vez, se julgava capaz de mostrar-se ao mesmo tempo que a Srta. Cook (a médium). Abaixei o gás, e, em seguida, com a minha lâmpada fosforescente, penetrei no aposento que servia de gabinete.
>
> Elevando a lâmpada, olhei em torno de mim e vi Katie, que se achava em pé, muito perto da Srta. Cook e por trás dela. Katie estava vestida com uma roupa branca, flutuante, como já a tínhamos visto durante a sessão. Segurando uma das mãos da Srta. Cook na minha e ajoelhando-me ainda, elevei e abaixei a lâmpada, tanto para alumiar a figura inteira de Katie, como para plenamente convencer-me de que eu via, sem a menor dúvida, a verdadeira Katie, que tinha apertado nos meus braços alguns minutos

antes, e não o fantasma de um cérebro doentio. Ela não falou, mas moveu a cabeça, em sinal de reconhecimento. Três vezes examinei cuidadosamente a Srta. Cook, de cócoras, diante de mim, para ter a certeza de que a mão que eu segurava de fato era a de uma mulher viva, e três vezes voltei a lâmpada para Katie, a fim de a examinar com segurança e atenção, até não ter a menor dúvida de que ela estava diante de mim.

Várias vezes levantei um lado da cortina quando Katie estava em pé, muito perto, e então não era raro que as sete ou oito pessoas que estavam no laboratório pudessem ver, ao mesmo tempo, a Srta. Cook e Katie, à plena claridade da luz elétrica.[5]

Por sua vez, o sábio russo Alexander Aksakof, no capítulo I do seu compêndio sobre materializações de Espíritos — *Animismo e espiritismo*, vol. 1 — narra este magnífico resultado, obtido numa sessão de materializações, extraído de uma conferência realizada em Newcastle pelo conhecido psiquista Sr. Aston e publicada na revista *Medium and Daybreak*, de Londres, de 5 de outubro de 1877:

> À chegada da Srta. Fairlamb (a médium), levaram à sala designada para a sessão dois baldes, um com parafina fundida, outro com água fria, e colocaram-nos defronte do gabinete, à distância de dois pés.

Prosseguem informações sobre os preparativos e depois vem a narração do fato:

> [...] Subitamente a cortina se abriu, e diante de nossos olhos se apresentou a forma materializada de um homem. Trajava uma camisa ordinária de flanela de riscado, e uma calça de algodão branco; a cabeça estava envolta em uma espécie de lenço ou xale. Era todo o seu traje. O colarinho e as mangas da camisa eram abotoados. [...] Depois de ter descrito com os braços alguns movimentos circulares, como se os quisesse desentorpecer,

---

[5] Nota da autora: Os grifos são nossos.

entrou no gabinete para aumentar a chama do gás, que estava disposto de maneira a poder ser graduado, quer no interior do gabinete, quer do lado de fora. Em seguida ele apareceu de novo e se entregou a novos exercícios ginásticos, entrou por uma vez ainda atrás da cortina, aumentou a luz e dirigiu-se para o nosso lado com andar desembaraçado e vigoroso. Entregou-se daí em diante a alguns exercícios de corpo e procedeu aos preparativos de moldagem (em parafina fervente): abaixou-se, tomou os baldes e levou-os para mais perto dos espectadores.

Depois tomou uma cadeira que se achava ao lado do Sr. Armstrong e colocou-a de maneira que o encosto separasse a cortina cerca de vinte polegadas (o que permitiu a três pessoas da assistência ver a médium); sentou-se e começou a moldagem do pé. Durante os quinze minutos que durou a operação, os experimentadores podiam ver ao mesmo tempo o fantasma e a médium, iluminados mais que suficientemente.

Mais adiante, ainda no mesmo capítulo, prossegue o Sr. Alexander Aksakof, agora citando o longo relatório de outro pesquisador, Sr. Burns, editor do *Medium and Daybreak*, do qual apenas transcreveremos pequenos detalhes, que servirão à nossa tese:

[...] A iluminação não era muito intensa, mas suficiente para permitir ler em qualquer lugar do aposento, ver distintamente tudo o que aí se achava e, por conseguinte, distinguir as formas que aparecessem.

[...] Os assistentes formaram um semicírculo, cujo centro se achava na parede, por baixo da lâmpada, tocando as duas extremidades na parede oposta. Em um lado do aposento havia uma mesa com livros, jornais etc. Todas as pessoas tinham o rosto voltado para o gabinete, e as costas para a lâmpada. Apareceram seis a sete formas materializadas que saíram do gabinete, uma após outra. Nesse número estava um mancebo de gestos muito vivos e ágeis; ele tomou uma folha de papel de cima da mesa, enrolou-a e pôs-se a nos bater na cabeça com ela, dando de cada vez um salto para trás, com grande ligeireza.

Outro Espírito era 'Roberto Bruce', que esperávamos com o maior interesse. Eu estava em comunicação com ele havia muitos anos, e éramos atraídos por uma pronunciada simpatia, que continua ainda. Ele era dotado de um poder considerável e conseguia ficar conosco por muito tempo.

Certos pormenores daquela entrevista ficarão sempre em minha memória. Bruce aproximou-se da lâmpada e retirou-a da parede; conduziu-a para o gabinete, aumentou a chama e dirigiu a luz sobre o médium; ao mesmo tempo levantou a cortina à altura bastante para que pudéssemos vê-los a ambos.[6] Depois diminuiu a chama e repôs a lâmpada em seu lugar. Ele tinha certa dificuldade em fazer entrar o prego no orifício, pois que aquela parte da lâmpada estava na sombra projetada pelo refletor. Uma senhora que estava colocada justamente por baixo da lâmpada, de maneira que Bruce era obrigado a inclinar-se por cima dela, quis auxiliá-lo a pô-la no lugar, mas ele não aceitou o auxílio e continuou em seus esforços com persistência; finalmente acertou.

Poderíamos ainda citar trechos empolgantes do belo livro *Região em litígio entre este mundo e o outro*, do eminente Sr. Robert Dale Owen, e o não menos belo tratado de Espiritismo prático e científico *História do espiritismo*, de Arthur Conan Doyle, ilustre escritor inglês, onde o leitor encontrará mananciais magníficos para aprendizagem mediúnica, mas preferimos deter-nos nos dois mestres acima transcritos, compreendendo desnecessárias tantas credenciais para o pouco que, por nossa vez, possuímos para também testemunhar o valor da Revelação Espírita. E assim passaremos à descrição de mais uma significativa recordação da nossa vida de espírita.

*

Foi na cidade de Lavras, no sudoeste do estado de Minas Gerais, onde presenciei e também vivi os mais belos fenômenos espíritas, quer por meio da minha própria faculdade mediúnica, quer da de outrem.

---

[6] Nota da autora: Todos os grifos são nossos.

Recordações da mediunidade

O leitor estará lembrado de que ali, naquela 'cidade dos ipês', obtive as visões do meu 'apocalipse', se assim me posso expressar, as quais resultaram no livro *Memórias de um suicida*, no antigo gabinete mediúnico do Centro Espírita de Lavras, hoje com o nome modificado para Centro Espírita Augusto Silva, em homenagem ao pioneiro do Espiritismo na região. Estará lembrado também dos fatos positivos narrados em *Dramas da obsessão*, de Adolfo Bezerra de Menezes, fatos igualmente ali desenrolados, na sua feição espiritual, e até vividos por mim mesma e meus antigos companheiros de lides mediúnicas naquela Instituição. Caberia num volume a série de grandes e pequenos fatos que, num período de seis anos de labor espírita, foram presenciados no antigo Centro Espírita de Lavras, núcleo que ainda hoje vive nas minhas recordações como cenáculo venerável onde a Verdade Espírita foi exaltada, testemunhada e legitimamente praticada por encarnados e desencarnados. Dir-se-ia que, pelo menos na época em que eu ali vivi, a cidade de Lavras era assinalada pelo Alto como repositório de forças invisíveis. Nem mesmo as clássicas sessões de materializações, realizadas com as mais significativas possibilidades de verificação, faltaram para completar o panorama espiritual que ali se estendia prodigamente.

No entanto, por que essa cidade reuniria tantos valores psíquicos? Por que tantos fenômenos, encantadores, espontâneos, insofismáveis porque portadores de frutos inconfundíveis, e, por isso mesmo, mais valiosos, naquela época, quando hoje, segundo informações de antigos companheiros de trabalho ali ainda residentes, esses fenômenos se recolheram à espiritualidade e nada mais é testemunhado, entre os da nova geração? Seria pelo caráter fervoroso dos adeptos do Espiritismo, que então ali se desdobravam em doce fraternidade e harmonia de vistas, que lembrariam os primeiros cristãos, voltados para Deus e afastados do mundo, empolgados pela atuação magnífica que do Espaço os transfigurava? No entanto acredito que nem mesmo o ambiente geral da cidade, ou seja, a sua 'ambiência metaetérica', para utilizarmos a conhecida expressão do sábio professor Fredrich Myers, nem mesmo essa ambiência seria propícia ao que psiquicamente se desenrolava na humilde discrição do antigo Centro Espírita de Lavras. A cidade em questão fora centro escravocrata intenso ao tempo do Império, onde até mesmo leilão de escravos existira, e a feição colonial da própria cidade e a citada ambiência evocavam impressionantemente os dramas da escravatura, os quais pareciam continuar desenrolando-se ao derredor de cada um, pois, como médium, eu mesma percebia os ecos angustiantes daqueles dramas como que impregnando o próprio ar que a circundava. Por sua vez, as paixões políticas regionais, da época, estavam longe de contribuir para a suavização do ambiente já assinalado desde muitos anos antes, senão maculando ainda mais as vibrações existentes no local, pois, como sabemos, jamais as agitações políticas serviram à causa da harmonia espiritual de um ser humano ou de uma coletividade; mas o certo foi que, ao deixar Lavras, nunca mais encontrei tantas forças psíquicas reunidas para o efeito de tão belos quão importantes e variados fenômenos de ordem espírita.

Existia na cidade, por aquele tempo (1926–1932), uma poderosa médium, portadora de várias faculdades, dentre outras também a faculdade de efeitos físicos, destacando-se, porém, as materializações de Espíritos desencarnados. Modesta, humilde, simples, mesmo angelical, confiara-se às luzes do Consolador inspirada em verdadeiro sentimento de amor à Verdade. Chamava-se Zulmira Custódia Resende Teixeira da Silva, era viúva e seus filhos ainda hoje residem na cidade de Lavras. Contava ela 60 anos, aproximadamente, e confessava-se já esgotada e doente. Todavia, foi o mais forte médium de materializações, mais espontâneo e positivo que conheci, e suas sessões as mais belas e convincentes de quantas a que posteriormente assisti.

Devo confessar que não sou partidária de sessões de materializações de Espíritos. Se a elas assisto, conservo-me sempre prevenida contra fraudes, mistificações e personalismo dos dirigentes, e entendo, com as instruções dos próprios livros doutrinários, não existir necessidade de tais reuniões nos dias atuais, quando já estamos bastante preparados para compreender e assimilar a Doutrina Espírita sem necessitarmos das provas materiais para nos convencermos da verdade. O tempo áureo das sessões de materialização pertence ao passado. Nos dias que correm serão raros, sim, os fenômenos legítimos, que realmente convençam, conquanto não sejam impossíveis. Com um século de Doutrina codificada, explicada, repetida, raciocinada, cumpre que, pelo menos nós, espíritas confessos, pelo estudo, pela meditação e nossa própria espiritualização adquiramos condições vibratórias para o intercâmbio direto com os desencarnados, sem precisarmos provocar materializações de Espíritos, a não ser para fins de superior utilidade. Sabemos, outrossim, que os grandes Espíritos não mais se interessam por esse gênero de manifestações do Invisível, as quais, em grande maioria, ficaram entregues a entidades de ordem medíocre e inferior. Não obstante, o fato é sensacional e atraente, e, quando legítimo, presidido, em realidade, pelas bênçãos da Verdade, é tão arrebatador, tão emocionante que o assistente se curva à evidência, comovendo-se até as lágrimas, visto que a Verdade se impõe, sem permitir dúvidas, tal a natureza das vibrações que emite.

Ora, eu chegara a Lavras havia apenas seis dias, quando fui convidada para uma sessão de materializações de Espíritos, no domicílio da médium Zulmira Teixeira. O convite partira de uma família residente pela vizinhança da casa de meus pais, pois eu não podia contar com nenhum outro conhecimento na cidade e a médium era inteiramente desconhecida para mim e eu igualmente para ela. Chegando a sua casa nem mesmo fora apresentada a ela, dado que o horário era exíguo para apresentações. Até então eu conhecia sessões de materializações somente por meio dos relatórios dos livros clássicos de Doutrina Espírita e dos jornais de propaganda da mesma. Estava, porém, mais do que familiarizada com materializações de Espíritos fora das sessões, visto que desde minha primeira infância eu os via e falava com eles.

No local da sessão, de imediato constatei a inexistência da cabine para a médium, assim como a inexistência da cortina para ocultá-la e da escuridão. A médium sentava-se diante da assistência, sempre muito reduzida, e cobria o rosto com uma toalha preta, e escuro também era o roupão que trazia, peça singela que não se fazia acompanhar de nenhuma outra. A luz, mortiça, era conservada no próprio compartimento, sobre uma mesa, e tratava-se de um lampião a querosene, o que permitia penumbra agradável, podendo os assistentes destacar a cor do vestuário uns dos outros e os respectivos traços fisionômicos. Posteriormente, algumas de tais sessões foram realizadas com as janelas laterais abertas, as quais deitavam para um corredor ajardinado, onde havia a porta de ingresso à casa. A médium era essencialmente espontânea, conseguia os fenômenos mesmo sem os desejar ou provocar, e agia sem o misticismo e o mistério que comumente acompanham esse gênero de trabalho.

O ectoplasma elevava-se ao lado da médium, desprendendo-se dela, e modelava a entidade comunicante à vista de todos, de forma a permitir à assistência acompanhar todas as fases da materialização, a qual via, simultaneamente, a médium e o Espírito, o que é de importância capital numa sessão de tal gênero, e o que também não deixava de causar a nós outros, os assistentes, certa impressão respeitável e atordoante. E nem se julgue que tivesse cabimento a fraude. A médium Zulmira Teixeira era um caráter simples, honesto e reverente a Deus, realizava tais serviços possuída de vero amor à causa e espírito de devoção, e tão simplória e incapaz se revelava que nem mesmo saberia produzir fraudes, pois semelhante 'arte' exige trabalho insano, muita audácia e espírito de menosprezo à ideia de Deus, 'talentos' que faltavam à dita médium.

Daquela primeira vez em que assisti à sessão, tornaram-se visíveis, materializados, primeiramente os Espíritos Dr. Augusto Silva, patrono do Espiritismo em Lavras, e de uma filha da médium, recentemente falecida pela ocasião. Todavia, inesperadamente, apresentou-se, após, uma entidade desconhecida de todos, a qual a médium, em transe, afirmou não conhecer tampouco. Bastante materializada, a entidade revelou-se um homem jovem, deixando ver barba preta, curta, terminada em ponta, no queixo, bigodes cheios e cabelos espessos e volumosos, penteados para o alto, formando a cabeleira clássica dos elegantes do século XIX; mãos finas e aristocráticas, e trajes masculinos antigos, porém, um tanto leves, como que vaporosos. Reconheci então o Espírito Roberto, tal como me fora tão familiar durante minha infância. Havia seis anos que ele se afastara de mim e não me fora dado obter qualquer notícia a seu respeito, mas eis que, inesperadamente, ali aparecia ele de forma insofismável, provando ainda e sempre a perseverança do seu generoso sentimento para comigo. Prorrompi em pranto copioso em plena sessão, comovida e abalada por lembranças incontroláveis. E servindo-se do aparelho vocal da própria médium, que continuava em transe, e com voz masculina, baixa, doce, ele dirigiu-me palavras afetuosas e confortativas, que tentarei reproduzir, tão assinaladas elas ficaram em meu coração até os dias presentes:

— Não chores, minha querida, eu agora estou bem... renovado para Deus e resignado à sua lei... Quero pedir-te que me perdoes o muito que te tenho feito sofrer com a minha insistência angustiosa a teu lado. Não penses que foi vingança... Foi apenas saudade de um passado que me foi caríssimo... Devo avisar-te de que obtive concessão para trabalhar contigo, a bem do próximo, como tanto desejei outrora... Sou médico e trabalharei na minha antiga profissão, agora, por teu intermédio... Também exercerei atividades a respeito do socorro a suicidas. Eu, que fui um desses, valho-me de ti, que tanto amei, para agora socorrê-los. E tu me ajudarás, já que também o foste. Ao me retirar daqui, dar-te-ei um sinal, como despedida...

Tratando-se de um amigo tão querido, que me seguia desde a infância, esperei que me concedesse um beijo, um abraço, algo que traduzisse o grande sentimento de nossas almas irmãs. Ele, porém, possuía coisa melhor para testemunhar o seu afetuoso interesse, porque, desfazendo lentamente, à nossa vista, a materialização, de súbito, quase que sem transição, meus braços se transformaram: eu não mais os sentia. Eles como que haviam desaparecido sem que, no entanto, houvesse transe mediúnico, pois eu permanecia na posse de todos os meus sentidos, sentada entre os assistentes, que se alinhavam em semicírculo diante da médium. Em lugar dos meus, comigo estavam os braços dele, que acabávamos de ver materializados no seu fantasma. Suas mãos longas, finas, que eu tanto conhecia, ali se achavam perfeitamente reproduzidas (as mãos do perispírito são sempre muito perfeitas, nas entidades normais ou elevadas), luminosas como os braços e refulgindo em nuanças azuis, tão luminosos ambos que não só clarearam o meu regaço como as imediações do local onde me sentava, e assim iluminando toda a minha pessoa. Soube, então, que eu mesma era médium de materializações e transfiguração, mas, não me interessando por esse gênero de fenômenos, não tratei de cultivar a faculdade, preferindo atender os conselhos dos meus amigos e protetores espirituais, Bittencourt Sampaio, Bezerra de Menezes e Charles, cuja opinião foi contrária a esse desempenho.

Nesse comenos, a entidade Roberto, a partir daquela data, não mais se afastou da minha trajetória durante seis longos anos. Juntos trabalhamos em curas de doentes e obsidiados, revelando-se ele excelente no tratamento de enfermidades infantis e pulmonares. Sua ação sobre as entidades suicidas foi notável e dir-se-ia missão, ou, certamente, resgate de deslizes idênticos em existência remota, visto que na última que tivera, no século XIX, não fora suicida. A ele devo a grande experiência e instruções obtidas em casos de suicídio refletido na vida do Além. As receitas para enfermos, a mim concedidas por ele, no entanto, eram de preferência alopatas, redigidas com o característico do médico encarnado. Servia-se da psicografia absolutamente mecânica, para esse fim, o que me torturava muito, parecendo que meu braço e minha mão, por ele acionados, fossem oprimidos dentro de uma luva de ferro, o que me produzia até mesmo tonteiras e aflição. Enquanto isso, os demais Espíritos médicos que me concediam receituário se serviam da psicografia semimecânica, de forma que a caligrafia do amigo Roberto divergia profundamente da caligrafia dos demais. Era um Espírito caprichoso, que gostava de exigir o máximo das minhas faculdades mediúnicas; e sua ação nos casos de manifestações de Espíritos de suicidas em vários agrupamentos espíritas foi das mais belas e eficientes. Eu me adaptava de boa mente às suas exigências, nele reconhecendo o amigo atraiçoado de outrora que, em troca de traição, me cercava de afetos, contribuindo, com a boa vontade do coração, para o meu soerguimento moral-espiritual nas lutas do presente. No dia 10 de março de 1932, porém, despediu-se tristemente de mim e dos agrupamentos espíritas onde dava a sua assistência, afirmando que iria tratar da própria reencarnação... e nunca mais obtive notícias dele.

Prosseguiram, entretanto, as belas sessões na residência da médium Zulmira Teixeira e posteriormente tive ocasião de ver, materializado, o mais belo fantasma que eu poderia contemplar, isto é, o guia espiritual da médium, que ela afirmava tratar-se de 'São Geraldo de Majela', religioso católico, venerado como santo na Igreja Católica Romana, o qual, incontestavelmente, deverá ser um Espírito de ordem superior.

Com efeito, de uma beleza toda especial, por assim dizer celeste, jovem, angelical, deixou-se contemplar no seu hábito de religioso, singularmente iluminado com reflexos azuis lucilantes. E tal a intensidade da luz que dele irradiava que a sala, posta em penumbra, se iluminou como se um foco alvinitente se acendesse (o tipo de luz é inédito na Terra) iluminando ainda a sala contígua através das vidraças da porta. A entidade, cuja modelagem, pelo ectoplasma, foi presenciada pelos assistentes, porquanto a médium não se recolhia a nenhuma cabine nem se resguardava sequer com uma cortina, uma vez modelada, deteve-se em atitude como que de oração, depois de deslizar pela sala, à nossa frente, com as belas mãos, de dedos longos, espalmadas, e os braços estendidos para baixo, ao longo do corpo, a cabeça levemente levantada para o Alto e os olhos súplices. Os detalhes do rosto, com o queixo fino, o nariz afilado e as faces delicadas foram destacados com precisão pelos circunstantes, o que não é sempre fácil acontecer em tais fenômenos, ao passo que no grande rosário pendente do seu pescoço distinguiam-se não apenas as contas, mas até mesmo os espinhos da coroa do crucifixo pendente do mesmo, enquanto à nossa frente a médium continuava em transe, sobre a poltrona. O rosário, todavia, bem pouco se parecia com os rosários comuns da Terra. Era como estruturado em fluidos luminosos, frágil, diáfano, cintilante, indefinível. A assistência não se pôde conter e prorrompeu em pranto, pois, realmente, a materialização era venerável, infundindo respeito. A entidade nada disse, mas a suavidade, a ternura e o encantamento sobrevindos em nossos corações foram o atestado da veracidade do fato, visto que a verdade se impõe de modo inconfundível. Depois de alguns poucos minutos, durante os quais se deixou contemplar, o belo fantasma dissolveu-se, apagou-se em nossa presença, tal como se havia formado. E a sala então voltou à triste e pesada penumbra de antes.

De outra feita, porém, Espíritos turbulentos e obsessores se apresentavam batendo pelas portas e no interior da mesa e das paredes, arrastando cadeiras e se deixando ver, um deles, durante a materialização, com a clássica túnica negra e o capuz, vestuário esse tão próprio da classe, enquanto encobria o rosto com visível e impressionante máscara de caveira, batendo os dentes e alongando os pés e as mãos de esqueleto humano para que os víssemos com precisão, pensando apavorar-nos. Ambiente espiritual pesado e angustioso, sessão agitada, a que o Espírito Dr. Augusto Silva pôs termo mandando encerrar os trabalhos e cautelosamente advertindo-nos sobre a delicadeza de tais tentativas. E, finalmente, numa das últimas reuniões a que assisti, realizadas por essa admirável médium, tive oportunidade de contemplar ainda, transfigurado na própria médium, a qual desapareceu da nossa vista, estando sentada, como sempre, à nossa frente, o menino Zezé, de 14 anos, sobrinho de outra médium lavrense, a senhora G. P., morto por afogamento na lagoa denominada Angola, nos arredores da cidade, durante as férias do ano de 1924, as quais passava com a tia, pois residia na capital paulista. Apresentou-se ele com a indumentária usada para o sepultamento do cadáver, ou seja, terno de calças curtas, azul-marinho, e camisa branca tipo esporte, com a respectiva gola sobre a gola do paletó e punhos à mostra, como então era a moda para os rapazes daquela idade, indumentária também habitualmente usada pelo jovem em apreço, antes da desencarnação. Na mesma reunião foi também materializado o Espírito familiar da médium, o índio brasileiro Emanuel, o qual tantas e tão belas curas em enfermos e obsidiados realizou com o concurso da mesma intérprete.[7] Assim humanizado, o

---

[7] Nota da autora: Por esse tempo ainda não aparecera o médium Francisco Cândido Xavier, intérprete da entidade evangelizadora Emmanuel, o que afasta a ideia de sugestão na pessoa da médium Zulmira

índio Emanuel dir-se-ia estátua de bronze lucilante, tão bela era a sua aparência. Meio desnudo, trazia como único vestuário os acessórios próprios da condição indígena. E o seu talabarte, o depósito das flechas, as próprias flechas, o arco, o diadema e as pequenas penas que o enfeitavam lucilavam em reflexos brancos, azuis e amarelos. Era jovem e seus cabelos, escuros e longos, também reluzentes, caíam pelos ombros. Trazia como estampada em toda a sua configuração a raça indígena a que pertencera: Tamoio.

Em linguagem da sua tribo, usando o sotaque próprio dos índios brasileiros, pela garganta da médium em transe, ele orou o Pai-nosso em voz discreta e solene, ao despedir-se. Não foi possível constatar a autenticidade desse dialeto, pois as pessoas presentes não conheciam o idioma tupi-guarani nem os derivados. Todavia, diante de fenômenos tão belos e positivos, verificados em presença de toda a assistência, sem escuridão, sem gabinetes isolados, sem cortinas e, portanto, sem quaisquer possibilidades de engodo, e ainda com a vigilância aguçada de alguns, que não desejavam ser enganados, como duvidar de que a entidade realmente usasse, para orar entre os seus novos amigos terrenos, do dialeto materno aprendido em tempos idos, nas matas do Brasil?

César Gonçalves, um dos maiores oradores espíritas de todos os tempos, no Brasil, investigador meticuloso do fenômeno mediúnico, encontrava-se presente a essa última reunião. Não havia, porém, atas. Em Lavras não se cogitava de arquivar em livros ou atas as importantes revelações concedidas pelo mundo invisível. E talvez porque não existisse tal preocupação, despidos, todos os praticantes do Espiritismo, ali reunidos, do espírito de sensacionalismo, os fenômenos eram espontâneos e da melhor qualidade.

Posteriormente, em outras localidades, onde o destino me levou, tive ocasião de assistir a novas sessões de materializações de Espíritos

---

Teixeira. Torna-se evidente a cristianização da entidade indígena, adotando um significativo nome cristão, cuja tradução é *Deus conosco*.

desencarnados. Conquanto respeitáveis e bem dirigidas, não foram, porém, assim tão belas nem tão convincentes. Em meu coração, Lavras, a cidade dos ipês, no extremo sudoeste do estado de Minas Gerais, ficou assinalada como o local das mais importantes revelações do Além-túmulo que tive ocasião de observar. E por isso não pude jamais esquecê-la.

Testemunho

Na morte violenta as sensações não são precisamente as mesmas. Nenhuma desagregação inicial há começado previamente a separação do perispírito; a vida orgânica em plena exuberância de força é subitamente aniquilada. Nestas condições, o desprendimento só começa depois da morte e não pode completar-se rapidamente. [...] No suicida, principalmente, excede a toda expectativa. Preso ao corpo por todas as suas fibras, o perispírito faz repercutir na alma todas as sensações daquele, com sofrimentos cruciantes.

(*O céu e o inferno*, Allan Kardec, Segunda parte, cap. I, it. 12.)

*

Sua alma, posto que separada do corpo, está ainda completamente imersa no que poderia chamar-se o turbilhão da matéria corporal; vivazes lhe são as ideias terrenas, a ponto de se acreditar encarnado.

(Id. Ibid., Segunda parte, cap. V — "O suicida da Samaritana".)

Muitos dos nossos leitores, ou quase que em geral os espíritas, supõem sejam os romances mediúnicos meros arranjos literários, ficções habilidosas para exposições doutrinárias. Alguns confessam mesmo não se darem ao trabalho de ler tal literatura, visto não se interessarem por obras fictícias. Não sentem nem mesmo a curiosidade, muito razoável, demonstrando zelo pela causa esposada, de observar a arte com que os romancistas espirituais tecem os seus enredos para apresentar a magnificência do Bem, que tais livros tanto exaltam, alheios, como se deixam estar, à relação dos fatos reais da vida de cada dia, que os mesmos livros expõem paralelamente com o ensinamento revelado pela Doutrina dos Espíritos.

O Espírito Adolfo Bezerra de Menezes, em certa obra mediúnica a nós concedida (*Dramas da obsessão*), classifica os romances espíritas de similares das parábolas messiânicas, visto serem eles extraídos da vida real do homem, enquanto as parábolas igualmente foram inspiradas ao divino Mestre pela vida cotidiana dos galileus, dos judeus e de suas azáfamas diárias.

Engana-se, pois, quem julgar os referidos romances histórias ilusórias, simples composições artístico-literárias para fins de propaganda doutrinária. Estamos autorizados a declarar, dada a nossa longa convivência com os mentores espirituais, que, na grande maioria, pelo menos, senão na totalidade, nos romances mediúnicos existe a verdade de vidas humanas como fundamento, senão relatórios ligeiramente alterados a fim de não identificar completamente as personagens. No capítulo XXXV da sua bela obra *Depois da morte*, referindo-se às realizações concretas do Além-túmulo, o grande Léon Denis usa desta significativa descrição:

> [...] Construções aéreas, de cores brilhantes, de zimbórios resplandecentes: circos imensos onde se reúnem em conselho os delegados do universo; templos de vastas proporções de onde se elevam acordes de uma harmonia divina; quadros variados, luminosos; reproduções de vidas humanas, vidas de fé e de sacrifício, apostolados dolorosos, dramas do infinito.

E nós mesma, e também o leitor somos testemunhas de que as "reproduções de vidas humanas" acima citadas já foram ditadas aos médiuns por meio de visões e da psicografia e os romances da vida real aí estão, na bibliografia espírita, prestando serviços à obra de esclarecimento quanto à conduta que devemos ter, na vida social ou íntima, em face das Leis de Deus.

Em *O céu e o inferno*, de Allan Kardec, no relatório das comunicações das entidades sofredoras que o codificador analisou, encontraremos temas variados, levantados de ocorrências reais, que poderiam ser transportados para histórias educativas modelares, de sabor espírita, ao passo que o mesmo Denis, em outro livro de sua autoria, relata acontecimentos observados durante experiências espíritas realizadas sob controle científico rigoroso, que permitiriam farto cabedal para histórias e romances fundamentados em acontecimentos reais. Qualquer médium meticuloso e honesto, que amasse os próprios desempenhos mediúnicos com verdadeiro desprendimento, do seu convívio com as individualidades espirituais colheria assuntos dignos de serem transportados para a boa literatura educativa, desde que se estribasse na verdade dos mesmos acontecimentos, e não em fantasias do seu subconsciente. E quantas confissões e narrativas de Espíritos sofredores, durante as chamadas sessões práticas, encerram dramas pungentes, muitas vezes impressionantes, cujos exemplos são excelentes para a reeducação das massas?!

Comumente, pois, os fatos narrados nos romances mediúnicos são extraídos das próprias vidas planetárias, remotas ou recentes, dos autores espirituais, como sabemos acontecido com as obras *Há dois mil anos* e *Cinquenta anos depois*, concedidas pela entidade instrutora Emmanuel ao médium Francisco Cândido Xavier, além de outras da mesma entidade, que ventilam existências de personagens por ela conhecidas no Além. De outras vezes os fatos são extraídos da existência dos pupilos ou amigos espirituais dos autores da obra, como o sucedido ao romance *Amor e ódio*, ditado pelo Espírito Charles; e *Dramas da obsessão*, onde a entidade Dr. Adolfo Bezerra de Menezes descreve as dramáticas peripécias de uma pequena falange de protegidos seus, encarnados e desencarnados, durante trabalhos que, como orientador espiritual de Centros Espíritas, realizou, ao passo que no volume *Nas voragens do pecado*, a nós também concedido mediunicamente, vemos a vida do seu autor espiritual, Charles (o Carlos Filipe II, da mesma obra), e de criaturas por ele muito amadas na época, ou seja, no século XVI. E todos sabemos que o mesmo se deu com o Espírito conde Rochester, que em vários dos seus livros confiados à médium russa condessa Krijanowski, participa o leitor não só das suas próprias atividades de Espírito em marcha de evolução, mas também da ligação milenar existente entre o seu próprio Espírito e o da médium que o serviu. Também a entidade Padre Germano confia episódios de sua vida terrena à médium espanhola Amália Domingo Soler, confidências que resultaram num dos mais belos e encantadores livros que enriquecem a bibliografia espírita: *Memórias do padre Germano*.

Todos esses luminares do mundo invisível, assim como outras individualidades esclarecidas e igualmente iluminadas são unânimes em repisar que o mundo espiritual é fértil em temas para estudos e análises e que dramas intensos ali são surpreendidos entre as recordações dos seus habitantes, os quais muitas vezes concordam em narrar ao vivo, ou seja, criando cenas sob o poder da mente, suas passadas peripécias planetárias. Sabemos também que os escritores do plano invisível, que concedem obras literárias aos encarnados, se estas são românticas, costumam reunir trechos de uma existência e trechos de outra para uma lição mais completa e lógica, figurando-os como se se tratasse de uma única fase planetária; substituem nomes, deslocam datas e localidades, quase sempre com a finalidade de não identificarem as personagens; ampliam a moral da história, adaptando-a aos ensinamentos evangélico-espíritas, no intuito de dotarem a obra de finalidade educativa; enxertam, frequentemente, noticiário espírita autêntico da época, para fins de propaganda, tal como vemos no conto "O paralítico de Kiew", à nossa faculdade concedido pelo Espírito Léon Tolstói, sem, contudo, alterar a essência do caso, na sua construtura veraz, e enfeitam personagens e ambientes transportando-os, algumas vezes, para a aristocracia, concedendo-lhes títulos nobiliárquicos, por não ignorarem que tais detalhes possuem a magia de melhor atrair a atenção do leitor, encantando-o com uma arte toda especial, muito embora algumas personagens fossem realmente antigas figuras da nobreza. Vale aqui relembrar certas confidências do nosso grande amigo espiritual Camilo Castelo Branco, que, referindo-se à sua obra mediúnica *O tesouro do castelo*, a nós ditada, afirmava que o Espaço se achava repleto de entidades da categoria moral do barão André Januário, personagem central da dita obra, e que ele, Camilo, não tinha necessidade de criar ficções para ditar obras mediúnicas, porque, tanto no Além como na Terra, havia temas verídicos excelentes, à sua disposição. O que lhe faltava eram médiuns que se submetessem às disciplinas necessárias ao certame. Para um literato, portanto, mas principalmente para o literato desencarnado, um ponto de referência, pequeno acontecimento da vida real do cidadão terreno ou da entidade espiritual, bem estudado e analisado, poderá transformar-se em formosa obra educativa espírita, e é o que vemos acontecer com os nossos escritores do Além, que não têm necessidade de inventar os romances que dão aos seus médiuns, porque, vasculhando a sociedade terrena e o mundo invisível, encontrarão acontecimentos dignos de serem imortalizados num livro. As Belas-Letras possuem recursos expressivos para, sem se afastar da verdade, apresentar literatura romântica atraente, que poderá ser considerada como biografias de personagens que realmente existiram sobre a Terra. O Espiritismo, cuja missão é influir para renovar, melhorando todos os setores da sociedade, criou uma literatura nova, modelar, e a sua atual bibliografia mostra dignamente o que poderá ele ainda realizar futuramente nesse delicado setor.

O relatório que se segue ao presente exórdio, por nós vivido intensamente, consta nos arquivos do nosso longo desempenho mediúnico, registrado também em nosso coração como uma das mais difíceis fases da nossa "carreira" mediúnica, se assim me posso expressar. Procuraremos resumi-lo, restringindo-o ao fato meramente espírita, porque as demais circunstâncias que o emolduraram foram de tal sorte penosas e humilhantes para nós, que será bom não as passemos ao domínio público, pois devem ser olvidadas, por obediência às Leis de Deus. É, além do mais, a expressão da realidade, não obstante a feição dramática e algo tétrica. O suicida Guilherme existiu em famosa cidade do sul fluminense, deixou descendência numerosa, e, conquanto não o tivéssemos conhecido pessoalmente quando encarnado, chegamos a conhecer alguns membros da sua família. Se aqui deixamos de desvendar o seu sobrenome foi por atendermos aos princípios de fraternidade recomendados pelo Espiritismo, que não aconselha a identificação integral de nenhuma personagem transportada para uma obra que será do domínio público. E veremos, assim, como de um fato vulgar, da nossa vida de espírita e médium, e como de um acontecimento real, mas comum, de Além-túmulo, poder-se-ão criar páginas literárias que, traduzindo tão somente a verdade, doutrinariamente esclarecerão o leitor na análise espírita propriamente dita.

Eis a feição romântica de um fato real, mas vulgar, da experiência mediúnica:

Até hoje não sou realmente capaz de me explicar a verdadeira razão pela qual, no mês de junho de 1935, me vi desembarcando na estação da antiga Estrada de Ferro Leopoldina Railway, na cidade fluminense de Petrópolis. Duas explicações costumam aflorar ao meu pensamento se me abandono a recordar o imprevisto por mim vivido naquela localidade alcunhada de 'cidade das hortênsias' pela maviosa sensibilidade de um grande e inesquecível poeta. Necessidade de uma peregrinação expiatória do meu espírito, que gravemente infringira os códigos divinos em encarnações passadas com o ato do suicídio e reparações melindrosas no setor de assistência fraterna a companheiros de infortúnio, desencarnados por suicídio? Se, outrora, como suicida que também eu teria sido, me vi socorrida por almas generosas do Espaço, as quais me ajudaram o reerguimento moral pelo amor de Deus, a lei suprema de mim exigiria agora que, por minha vez, eu socorresse a outrem, pois sabemos que essa lei determina a solidariedade entre as criaturas de Deus, e jamais receberemos favores ou auxílios de outrem sem que, posteriormente, deixemos de transmiti-los também à pessoa do próximo.

Recordações da mediunidade

A residência que me deveria hospedar na cidade de Petrópolis localizava-se em bairro sombrio e afastado do centro urbano, nas proximidades de um convento da Ordem das Carmelitas e de um Seminário da Ordem de São Vicente de Paulo, o que a envolvia de perenes sugestões de melancolia. Era romântica e sugestiva, portanto, com grande terreno em elevação, à frente, plantado de hortênsias azuis. Fora construída por um operário alemão, que, por motivos financeiros, mais tarde se suicidara nas águas furtadas (sótão), que valiam por outra residência, conforme o uso europeu, tão confortáveis eram elas. Em feitio de chalé antigo, essa casa, pintada de branco e com madeiramento e caixilhos vermelhos, lembrava, com efeito, edificações alemãs e suíças, o que poderosamente me sensibilizou, dada a estranha afinidade que sempre me impeliu para as coisas e pessoas do norte da Europa. Todavia, tais detalhes, ou seja, o suicídio do operário alemão e suas causas, somente mais tarde chegaram ao meu conhecimento, conforme veremos, assim como a particularidade de ter sido ele o construtor da casa e ter ali vivido e morrido.

Apesar do estilo atraente, considerei a casa verdadeiramente lúgubre ao nela penetrar, solitária como era num terreno isolado e rodeado de sombras, pois se situava na encosta de uma montanha, e, ao transpor os seus umbrais, uma sensação forte de angústia e aflição me constringiu de tal modo o coração que eu regressaria imediatamente ao meu antigo domicílio, se as circunstâncias que eu então vivia mo houvessem permitido.

Na primeira noite ali passada não me fora possível conciliar o sono para repousar, dado que me prenderam a atenção gemidos continuados, estertores indefiníveis, murmúrios confusos, ininteligíveis, que eu ouvia, como alguém que pretendesse em vão falar claramente, com a palavra arrastada e contida por obstáculos inconcebíveis. Pancadas no soalho, como se algo insistisse em bater pesada, mas surdamente, nas tábuas, de modo incompreensível, perturbaram-me também durante toda a noite. O ruído provindo do mundo invisível é muito mais impressionante do que a visão, e senti-me chocada. Ainda hoje prefiro ver os Espíritos, qualquer que seja a sua categoria moral, a ouvir os ruídos que eles produzam, pois quaisquer ruídos ou sons provindos do Além são assaz diferentes dos conhecidos na Terra, são como que difusos pelo ar, cavos, surdos, ocos.

Aqueles ruídos, com a noite toda passada insone, alteraram minhas boas disposições físicas e morais e, no dia seguinte, reencontrei-me abatida e presa de insólita angústia. Participando, porém, às pessoas da casa o ocorrido durante a noite, advertiram-me de que se trataria de mera impressão de minha parte, pois jamais ali fora surpreendido algo suspeito de sobrenatural. Com o decorrer dos dias, no entanto, continuando a ouvir os mesmos rumores, mesmo durante o dia, pude precisar que provinham do teto da casa, exatamente sobre o quarto por mim habitado, ou seja, provinham do sótão. Receosa de desagradar os donos da casa, não mais me queixei, mas, a título de reconforto moral para a angústia que me oprimia, voltei a estudar diariamente *O evangelho segundo o espiritismo*, como era velho hábito, e entreguei-me às preces que ali se encontram, o que desde a infância fazia com respeito e fervor.

Passei a definhar e minha saúde alterou-se, enquanto dores de cabeça constantes me impediam de dormir durante noites consecutivas. A pressão arterial baixara consideravelmente, entrei a perder fosfatos e albumina com tal violência que ainda hoje não compreendo como resisti, sem adoecer gravemente, pois não usei medicamentos de qualquer espécie, senão água magnetizada por mim mesma, preparada com preces e súplicas a Jesus, visto que pela citada época eu atravessava grandes dificuldades financeiras e não dispunha de quaisquer recursos para consultar um médico.[8]

Visitei o sótão, que se conservava desabitado. Penetrando o recinto, senti-me invadir por influenciações geladas e contundentes, e chorei

---

[8] Nota da autora: Por mais estranho que pareça, a verdade é que a atuação de um Espírito sofredor sobre um sensitivo poderá levá-lo à perda de fosfatos e albumina, conduzindo-o a grandes depressões nervosas.

copiosamente, sem saber por que chorava; mas nada vi, senão alguns móveis antigos, que ali eram depositados. Dois meses depois, no entanto, desvendou-se o mistério que me intrigava.

Fronteiro ao quarto de dormir por mim habitado, existia outro, separado do primeiro apenas por um corredor, onde também havia mais dois quartos, ambos desabitados, enquanto os demais moradores do chalé alemão dormiam nas dependências da frente. Esse quarto, fronteiro ao meu, fora transformado em escritório, tornando-se cômodo agradável para estudo, escrita, orações etc. Continuando minha insônia sem interrupção, certa noite me levantei à primeira hora da madrugada e me dispus a ler e a orar nesse pequeno escritório, e casualmente abri *O evangelho segundo o espiritismo* no capítulo VI, *O Cristo Consolador*.

Li-o todo, com fervor e veneração, pois aquelas tão doces comunicações do Espírito de Verdade sempre calaram beneficamente o meu coração, sendo ainda hoje o bálsamo por excelência que revigora minha alma nas horas de maiores preocupações. A certa altura, muito concentrada na leitura edificante, que valia por fervorosa prece, e, por isso mesmo, já acionada para o intercâmbio com o mundo invisível, e talvez patrocinada pelos guias espirituais, distingui com precisão, além, no soalho do sótão, um homem a se esvair em sangue, debatendo-se nas convulsões de uma agonia dolorosa, murmurando palavras ininteligíveis, agitando as pernas e os braços de forma a produzir os ruídos secos por mim ouvidos desde o meu ingresso na casa. Sua agitação, lenta, penosa, dando impressão de um término de agonia, fazia-o mover também a cabeça e o corpo. Era corpulento, claro e corado, cabelos bastos e louros, e bigodes também louros, e até os olhos, por uma rápida associação de ideias ou fenômeno de penetração vibratória, e não propriamente pela vidência, eu compreendi que seriam claros, como se realmente eu os distinguisse. Trajava camisa branca, completamente desabotoada e aberta, com mangas compridas, e calças do brim chamado 'Kaki', apertadas na cintura por um cinto de couro, mas essa camisa encontrava-se empapada em sangue vivo. Ele como que acabara de desfechar um tiro de revólver no próprio coração e o sangue corria, tomando-lhe não só o tórax como também o abdômen, as mãos, os braços e a cabeça, encharcando os cabelos, pois derramava-se pelo chão, e ele, debatendo-se, envolvia-se tetricamente no próprio sangue. A cena, porém, não me assustou, não me impressionou, embora me tivesse comovido. Compaixão indescritível revolucionou as fibras do meu coração, e naquele momento como que me avassalou um sentimento inédito de amor, mas amor intenso, desconhecido ainda pelo meu coração, a favor do pobre 'agonizante'. Dir-se-ia que eu contemplava ali, não um estranho, um estrangeiro que nem mesmo me fora dado conhecer pessoalmente, mas uma criatura bem-amada cuja desgraça me comovia profundamente. As lágrimas assomaram então aos meus olhos, pois não creio que nenhum médium possa presenciar um quadro desses com indiferença. Então compreendi quanto se passava. Orei pelo pobre suicida, o qual talvez jamais tivesse sido assistido por uma prece, e ofereci a Jesus meus préstimos a fim de socorrê-lo, como é dever de todo médium diante de um desencarnado em aflições.

— Que poderei fazer por ele? — interroguei mentalmente, no fervor da prece.

— Orar! Falar-lhe! Envolvê-lo na piedade de vibrações amorosas! Despertá-lo do pesadelo em que se deprime há tanto tempo! Anestesiar a sua desgraça com a palavra da fé e da esperança! Ampará-lo no coração com a doçura do amor materno! A mulher médium é sempre mãe dos desgraçados... — sussurram aos meus ouvidos os piedosos assistentes invisíveis, que me protegiam, permitindo o fenômeno.

Orei então. Orava diariamente, com desprendimento e fervor, prostrando-me de joelhos em súplicas pelo suicida que eu ali via e mentalizando o Cristo de mãos estendidas para socorrê-lo, a fim de que de algum modo ele captasse a criação do meu pensamento e se esperançasse nela, tentando alívio para o próprio descontrole vibratório. E lia, como prece, as amorosas comunicações do Espírito de Verdade, de Santo Agostinho, de Fénelon, do Cardeal Marlot, todas aquelas sublimes lições que *O evangelho segundo o espiritismo* oferece aos corações sedentos de consolo e esperança.

Seria necessário, porém, obter o nome do suicida a fim de solicitar o socorro de irmãos encarnados, em forma de preces e atração para as sessões chamadas de caridade, e, no dia seguinte à primeira noite em que vi o seu fantasma, interroguei o dono da casa sobre quem residira ali antes dele. Discorreu então este nos detalhes já citados, isto é, que ali residira o próprio construtor e primitivo proprietário do imóvel, o qual se suicidara com um tiro de revólver no coração, no sótão, havia dez anos, e que era de nacionalidade alemã e chamava-se Wilhelm (Guilherme). E nem devemos julgar que o que eu ali distinguia fosse apenas o reflexo do ato passado impresso nas vibrações ambientes, porque, se assim fosse, a visão seria fixa, ao passo que ela se locomovia no ar, assim mesmo, deitada no chão, e se aproximava de mim, mantendo-se, porém, no mesmo estado de convulsões agônicas tardas, pesadas.

Tão impressionante espetáculo passou a ser constante e se prolongou durante quase todo o tempo que permaneci na 'cidade das hortênsias', ou seja, um ano. Frequentemente, as demais pessoas da casa saíam à noite para o cinema, visitas, festas etc. E, porque eu não me animasse a acompanhá-las, via-me só, às vezes até madrugada, num bairro afastado e sombrio, que ainda hoje não apresenta movimentação apreciável. Nessas condições, a sós, diante de Deus, eu havia de doutrinar com fraseado amoroso esse Espírito, em convulsões ao pé de mim, submerso em atroz pesadelo criado pelas alucinações do traumatismo vibratório consequente do suicídio, e fazê-lo despertar por intermédio das forças do pensamento. Reunia então toda a coragem da minha fé e da confiança no auxílio dos guias espirituais, e agia resolutamente, falava-lhe, exortando-o em nome de Jesus a voltar a si para dominar os próprios distúrbios mentais com a reação da vontade, que se deveria impor e vencer o colapso a que se entregava; explicava-lhe o seu verdadeiro estado, lecionava-lhe a imortalidade da alma, exatamente como nos serviços de doutrinação a sofredores no decorrer de sessões normais. E tinha de agir sem me deixar intimidar sequer por um instante ou vacilar nas próprias disposições, pois percebia que, se me intimidasse ou negligenciasse, estaria perdida: as funestas infiltrações vibratórias do suicida redundariam em obsessão inconsciente, da parte dele, o que até mesmo me poderia atirar a um suicídio idêntico, no próprio sótão da sinistra residência.

Voltava eu então ao capítulo VI de *O evangelho segundo o espiritismo*, livro que considero tocado de magia celeste, e que foi o meu escudo, também nessa fase singular da minha vida. As doces advertências do Espírito de Verdade então como que ressoavam pelo recinto reanimando o meu ser, alcandorando-me o coração com novos haustos de esperança e confiança, até repercutirem, por processos vibratórios de sublime transcendência, naquele ser desesperado que eu via a meus pés. E, lendo-as, eu mesma adquiria a impressão de que o próprio Jesus falava ao suicida, nos quadros criados pelo meu pensamento e adaptados, ao entendimento daquele, pelos assistentes espirituais para socorro ao mesmo:

'— Sou o grande médico das almas e venho trazer-vos o remédio que vos há de curar. Os fracos, os sofredores e os enfermos são os meus filhos prediletos. Venho salvá-los. Vinde, pois, a mim, vós que sofreis, e vos achais oprimidos, e sereis aliviados e consolados. Não busqueis alhures a força e a consolação, pois o mundo é impotente para dá-las.'

'— Venho instruir e consolar os pobres deserdados. Venho dizer-lhes que elevem a sua resignação ao nível de suas provas, que chorem, porquanto a dor foi sagrada no Jardim das Oliveiras; mas que esperem, pois que também a eles os anjos consoladores virão enxugar as lágrimas.'

'— Deus consola os humildes e dá força aos aflitos que lha pedem. Seu poder cobre a Terra e, por toda a parte, junto de cada lágrima colocou Ele um bálsamo que consola.'

E tudo quanto existisse em mim de bom e aproveitável eu empregava nas súplicas a Jesus para que me enviasse auxílios para socorrer o infeliz que ali estava. Fazia-o, porém, banhada em lágrimas, prostrada de joelhos, porque meu coração sentia ser profanação outra atitude diante da cena que em minha presença se desenrolava, quando eu fielmente acreditava que Jesus estava presente por meio daquelas vozes contidas nas comunicações do Espírito de Verdade e até das rogativas que eu própria fazia.

No entanto, eu sentia que todas as minhas forças psíquicas exigiam que eu recebesse aquele Espírito mediunicamente, que as correntes de atrações magnéticas da minha faculdade estavam ligadas a ele para o legítimo fenômeno da incorporação. Eu sofria com ele, sentia as dores que o afligiam, sua asfixia, suas angústias. Sentia o coração pesado e dolorido, sede abrasadora, vertigens, mas dominava tais sensações com o esforço da vontade, pela prece, suplicando sempre a assistência dos amigos espirituais, pois compreendia a origem de todo aquele mal-estar. Suores de agonia muitas vezes escorriam, gelados, pela minha fronte, e muitas vezes tremuras incontroláveis me faziam entrechocar os dentes, e nem mesmo é possível descrever o martírio que eu padeci em contato frequente com aquele suicida, a quem, apesar de tudo, eu deveria consolar e esclarecer.

Tentando algo em benefício geral, procurei descobrir um núcleo espírita de cuja colaboração me pudesse valer para a solução do caso, e encontrei-o. Todavia, dois escolhos se interpuseram entre as minhas esperanças de socorro: a falta de confiança dos irmãos de crença nas minhas possibilidades mediúnicas (eu não era absolutamente conhecida na cidade e tampouco entre os irmãos de crença) e a distância que mediava entre o núcleo espírita e a casa que me hospedava, pois se situava cada uma num extremo da grande cidade, enquanto o horário das reuniões era inacessível para mim, que não contava com quem quer que fosse que me pudesse acompanhar no regresso. Compreendi então que a tarefa junto ao suicida era particularmente minha, que se tratava de um pesado testemunho de fé e resistência à tentação do suicídio, que a Lei de Deus de mim exigia, e prossegui, confiando nos recursos oferecidos pela grande Doutrina dos Espíritos.

As materializações do Espírito em questão, não obstante, não eram permanentes, eu não o distinguia seguidamente, ininterruptamente. Eram, sim, frequentes, porém, intermitentes, às vezes demorando-se alguns segundos, com muita precisão, para retornarem dentro em pouco; de outras vezes eram fugidias quais lampejos, embora eu continuasse percebendo sua presença, sentindo suas influências, sem nada enxergar de concreto. Mesmo assim, como não enlouqueci de pavor, ou não me deixei obsidiar, nos momentos em que via o infeliz suicida deixar o sótão, flutuar no espaço atraído pelas minhas forças afins, sem mesmo disso se aperceber, e atingir o escritório para se deter junto de mim e continuar suas eternas convulsões?

Valeu-me em tão difíceis circunstâncias, além da misericórdia do Altíssimo, a assistência carinhosa dos tutelares invisíveis, cuja piedosa proteção eu sentia e agradecia, destacando-se, todavia, o concurso das entidades Charles e Camilo Castelo Branco, este ainda não reencarnado, pela ocasião.

Eis, no entanto, a essência do fenômeno, explicada pelo amigo espiritual Charles, agora, quando traço estas páginas, 29 anos depois do fato ocorrido:

'— Também tu foste suicida, e, como tal, muito fizeste sofrer a outrem, mesmo àqueles que te procuraram socorrer, como Espírito. O suicídio é atestado de fraqueza e descrença geral, de desânimo generalizado, de covardia moral, terrível complexo que enreda a criatura num emaranhado de situações anormais. Seria necessário, pois, para desagravo da tua honra espiritual, que um dia testemunhasses valores a respeito do complexo suicídio, e retribuísses a outrem o auxílio que obtiveste com a caridosa assistência daqueles que te socorreram outrora. O caso em apreço é um detalhe dos testemunhos que necessitavas apresentar à lei de reparações de delitos passados, testemunho de fé, tu que faliste pela falta de fé em ti mesma e no poder de Deus. Assim ligada a ti pelas correntes afins humanizadas, a entidade suicida adquiriu condições para se reanimar e perceber o que se tornava necessário a melhora do próprio estado, revigorando-se vibratoriamente para se desvencilhar do torpor em que se deixava envolver. Compreendia, pois, a doutrinação que lhe fornecias, recebia os bálsamos magnéticos que lhe transmitias, como se se tratasse de aplicações de passes, e lentamente era beneficiada como em doses homeopáticas, pois era esse o único recurso existente para a suavização do caso. Não lamentes jamais as dores que experimentaste naqueles dias angustiosos de labor transcendente. Cumprias dever sagrado, reabilitavas tua consciência, servias ao Divino Mestre servindo à sua ovelha transviada, e, como o paciente que se recuperava sob os teus cuidados, também tu te recuperavas à sombra da lei da fraternidade, que nos aconselha proceder com os outros como desejaríamos que os outros procedessem conosco. Como suicida, que também foste, estarás ligada aos imperativos das consequências do ato praticado, e uma face de tais imperativos é a necessidade do socorro aos companheiros de infortúnio... até que a consciência se liberte do opróbrio que a macula. O suicídio é assim. Não é de outro modo. E tal como é, cumpre-nos enfrentá-lo e combatê-lo, para felicidade do gênero humano.'

Tão doloroso estado de coisas requereu da minha fé, do meu amor, da minha paciência e da minha coragem, todo o tempo que permaneci na "cidade das hortênsias", pois, somente poucos dias antes da minha partida dali, assisti à definitiva remoção do Espírito do pobre suicida do local do sinistro, ou seja, do sótão da casa construída com o produto do seu trabalho honesto, casa que tão querida lhe fora, e cujo terreno de frente ele próprio plantara de hortênsias azuis, antes do seu dramático gesto de desobediência à Lei de Deus.

Deixei a famosa Petrópolis alguns dias depois da partida do meu muito querido pupilo espiritual Guilherme. Era pelo mês de julho, e o céu azul pálido, meio velado pelas brumas do inverno, ensaiava timidamente cintilar sob as irradiações vivas do sol, que rompia as nuvens. Da janela do carro de passageiros em que me alojava, e enquanto o comboio corria, afastando-se da bela cidade serrana, eu contemplava a paisagem vigorosa, molhada pelo sereno da noite, e me embevecia, reconfortada pela beleza que de tudo aquilo irradiava. Não foi, porém, sem um sentimento de saudade que me despedi para sempre daquele ambiente em que tanto sofrera, que, se fora trágico, difícil de suportar, também se elevara, no meu conceito, às culminâncias de santuário, em virtude do sublime acontecimento que ali se desvendara em minha presença, sob os auspícios da Doutrina dos Espíritos. Orava, comovida, enquanto o trem corria, a prece de agradecimento por tudo que me fora confiado entre as solitárias paredes do chalé alemão, certa de que cumprira um dever e que os tutelares invisíveis estariam satisfeitos comigo.

Para onde teria seguido a entidade suicida?

Deus o sabe! Eu, porém, jamais o soube, não obstante as deduções que me atrevi a fazer. No entanto, o que é consolador e o que basta sabermos com certeza é que ele foi socorrido dos males em que se precipitara, que Jesus lhe estendeu a mão compassiva, permitindo-lhe, em nome do Pai altíssimo, novos ensejos para a necessária reabilitação... enquanto, entre o seu Espírito e o da pobre médium que o serviu, eternos laços de amor espiritual se estabeleceram em presença de Deus, o Senhor de todas as coisas...

AMIGO IGNORADO

Além do anjo guardião,[9] que é sempre um Espírito superior, temos Espíritos protetores que, embora menos elevados, não são menos bons e magnânimos. Contamo-los entre amigos, ou parentes, ou, até, entre pessoas que não conhecemos na existência atual. Eles nos assistem com seus conselhos e, não raro, intervindo nos atos da nossa vida.

(*O evangelho segundo o espiritismo*,
Allan Kardec, cap. XXVIII, it. 11.)

*

Nenhum espírita, atento aos deveres do estudo doutrinário e da observação daí consequente, desconhece que a sociedade do Além-túmulo e a sociedade da Terra são uma e a mesma coisa, continuação uma da outra, em fase diferente, apenas com a só dificuldade de ser a primeira invisível e, por vezes, até ignorada pela segunda. Os espíritas não desconhecemos também o quanto os homens em geral são assistidos e grandemente influenciados pelos habitantes do mundo espiritual, pois possuímos amigos

---
[9] Nota da autora: Chefe da falange ou da legião espiritual a que pertencemos; Espírito de alta elevação moral e intelectual.

e inimigos, simpatizantes e adversários desencarnados, e que a influência de todos eles em nossa vida cotidiana depende absolutamente de nós mesmos, do estado sadio ou precário da nossa mente, dos atos diários que praticamos. Tal seja o nosso proceder, mesmo durante a infância — pois também a criança poderá ser bem ou mal assistida espiritualmente — poderemos até impor respeito àqueles desencarnados de ordem medíocre ou inferior e deles fazermos amigos leais e prestativos para todo o sempre, ou também obsessores, pois sabemos que não só os amigos altamente colocados, na Terra como no Espaço, nos poderão valer em horas difíceis. Nutrimos, entretanto, a pretensão de vaidosamente julgar que os nossos amigos espirituais serão somente os instrutores e guardiães de elevada hierarquia, aqueles altamente colocados na Espiritualidade por suas virtudes, méritos e sabedoria. Desejamos mesmo, para nossos guardadores diários, Espíritos cujos nomes foram venerados na Terra pela humanidade, e infantilmente acreditamos que esta ou aquela individualidade brilhante do mundo dos Espíritos vive às nossas ordens, submissa aos caprichos da nossa curiosidade ou da nossa insensatez, sem querermos atender à necessidade do esforço para o próprio progresso, a fim de conseguirmos aquelas tão desejadas companhias espirituais. A verdade, porém, é que possuímos, além dessas, outros amigos devotados que muito e muito nos servem, desenvolvendo atividades de legítima fraternidade cristã a respeito das nossas necessidades de pecadores em serviços de resgates por meio das provações e lutas próprias da evolução, amigos pertencentes aos planos modestos da sociedade espiritual, que, humilde, amorosa e discretamente, nos socorrem em horas adversas, sem que, as mais das vezes, os suspeitemos, embora agindo, certamente, sob direção de entidades mais elevadas.

Como as demais pessoas, também possuímos amigos dessa categoria espiritual, e estas páginas serão a homenagem do nosso reconhecimento à dedicação humilde e perseverante com que nos têm eles amado e servido durante toda a nossa vida.

A versão que se segue, expressão de fatos concretos das duas faces da nossa existência, espiritual e material, assinala não apenas a força de um sentimento do coração que venceu os séculos e as reencarnações, mas também aspectos enternecedores da sociedade espiritual em comunhão com a terrena, a influência, em nossa vida, das entidades espirituais de que somos cercados sem o sabermos. E convenhamos, assim, que nem sempre atrairemos só as influências odiosas, mas também as amorosas...

— Mercê de Deus, eu sempre soube tratar com as criaturas sofredoras, os pobres, os humildes, os mendigos, os chamados caipiras e até com os criminosos. Durante o longo exercício da minha mediunidade tratei com todos eles e entre essa sociedade dos 'filhos do Calvário', para me servir da bela expressão do Espírito Emmanuel, consegui amigos sinceros. Em verdade, foi no lar paterno que recebi o ensinamento de que todas as criaturas são irmãs porque filhas do mesmo Deus e que, por isso mesmo, não seria admissível mantermos quaisquer preconceitos, fossem estes de religião, de raça, de cor ou de posições sociais. Tais sentimentos, inatos no coração de meus pais, foram ampliados e firmados pela reeducação fornecida pelo Consolador. É-me grato, então, relembrar nestas páginas episódios saudosos de minha infância e de minha primeira juventude, não obstante a permanente angústia por mim sofrida com as recordações trazidas da existência anterior.

Meus pais, que residiam sempre em casas muito espaçosas, como eram as residências no estado do Rio de Janeiro e em Minas Gerais, por esse tempo costumavam abrigar mendigos da rua em nossa residência, hospedando-os em dependências apropriadas, nos fundos da casa, os quais ali passavam, às vezes, longas temporadas. Nossa casa, pois, era uma espécie de albergue para a pobreza desvalida. Havíamos então de servi-los, àqueles pobres, como a verdadeiros hóspedes, nós, os filhos da casa. Havíamos de higienizá-los, retirar-lhes os bichos dos pés e da cabeça, se existissem, oferecer-lhes roupas a trocar, pois minha mãe não se descurava de arranjá-las, convencê-los ao banho etc. Depois, eles mesmos se iam para a vida incerta, não se adaptando a costumes assim metodizados, mas seguiam reconhecidos, conservando veneração por todos nós. Não raro retornavam para outra temporada em nossa companhia e voltavam ainda à vida incerta. Quantas vezes meu pai regressou a casa, à noite, trazendo em sua companhia uma ou duas famílias de pobres desabrigados, que encontrava pelas calçadas das ruas ou na plataforma da estação ferroviária, as quais ficavam conosco até que ele próprio conseguisse trabalho para o chefe e morada para a família! De uma feita, certa mendiga meio cega, Siá Ritinha, demorou-se em nossa casa, acompanhada de um filho menor, durante um ano. Tomou ascendência incrível sobre o caráter delicado e submisso de minha mãe, era orgulhosa e autoritária, exigindo as refeições a horas exatas, antes mesmo da mesa da família, e escolhendo o cardápio para o dia seguinte, no que frequentemente era atendida por minha mãe, que em tais pessoas via personagens com direitos ao trato amável concedido aos demais hóspedes. Meu pai, por sua vez, longe ficava de se agastar com tais fatos. Ria-se, dizendo que, certamente, em outras vidas a dita Siá Ritinha fora alguma senhora de escravos, habituada ao mando e bem servida por todos, e agora vivia em expiações a fim de abater o grande orgulho que ainda a infelicitava. De outro modo, se era informada sobre alguma pobre parturiente sem recursos, minha mãe ia visitá-la e depois lhe mandava de tudo o que fosse possível, desde a roupinha para o recém-nascido e a dieta para a enferma, até o fortificante e a lata de marmelada, que ela própria usava em ocasiões idênticas. Havia em nossa casa grande criação de galináceos, pois residíamos numa chácara, por essa ocasião; mas, se alguém desejava comprar alguns, minha mãe não vendia, dava-os, envergonhada de receber paga por uma coisa tão insignificante. Meu pai censurava-a então, afirmando que era um homem muito pobre, carregado de filhos (éramos sete filhos), e não poderia conceder assim tanto aos outros. Ela calava-se, sem coisa alguma apartear; mas dentro em pouco eram os pobres afeiçoados dele que chegavam e ele lhes dava não só uma ou duas galinhas, mas também os ovos e as cestas sortidas de gêneros. Muitas e muitas vezes vi cestas abarrotadas de gêneros alimentícios, levando até sobremesa, serem entregues aos pobres afeiçoados de meus pais, ofertadas por eles. No entanto, éramos pobres, com efeito, e meu pai criou os filhos por entre grandes dificuldades. Talvez por esse princípio sorvido na casa paterna, onde tais criaturas eram recebidas com toda a consideração, e a quem, nós outros, os filhos, devíamos oscular a mão, pedindo a bênção, eu hoje não só continuo a compreendê-las como também aos desencarnados de ordem inferior, infundindo-lhes confiança.

Todas essas personagens são sensíveis à nossa consideração. Gostam que lhes dispensemos atenções, que conversemos os seus assuntos, que nos riamos juntos. E não havemos de demonstrar-lhes altivez nem muita compaixão. Devemos ser naturais para com eles, desculpar-lhes a miséria e os erros sem falarmos deles, e nossa superioridade se imporá apenas pelas boas qualidades que soubermos exemplificar em sua presença. Se nos convidarem para as 'festas' nos seus casebres ou barracões (no Rio de Janeiro observa-se muito tal particularidade), ofender-se-ão se não comparecermos ou se nos apresentarmos mal trajados, entendendo como descaso às suas pessoas as duas atitudes.

Dentre aqueles pobres agasalhados em minha casa paterna, destacavam-se duas negras anciãs, que haviam sido escravas durante a juventude. Tão grande era a afeição recíproca existente que ambas não saíram da casa de meus pais senão quando estes deixaram o torrão fluminense para residirem no estado de Minas Gerais. Chamavam-se Delfina e Germana e eram cunhadas, ao passo que meus irmãos e eu as tratávamos por titias, com imenso prazer. Com que satisfação as servíamos, levando-lhes o prato das refeições numa bandeja forrada com guardanapo bordado a linha vermelha, e com que interesse as ouvíamos discorrer sobre os costumes do cativeiro e lhes aprendíamos as canções doloridas, que solfejavam para que também as aprendêssemos, canções que lembravam a triste odisseia da escravidão! E com que respeito osculávamos as mãos de ambas, pedindo-lhes a bênção pela manhã e à noite! Meus pais haviam recebido dos seus ancestrais os mesmos ensinamentos e mantiveram, por isso mesmo, costumes patriarcais em nossa casa, impunham-se e eram obedecidos, mas era bela a nossa vida, apesar dos espinhos que muitas vezes nos feriram, e tudo quanto aqui relato se estendeu entre a sua prole, mesmo depois do passamento de ambos.

As velhas ex-escravas, porém, morreram, levando para o Além a afeição e a gratidão que nos consagravam, e, como Espíritos desencarnados, continuaram nossas amigas, desejosas de retribuírem o carinho que lhes dávamos, outrora, auxiliando-nos durante os momentos difíceis que mais tarde sobrevieram em nossas vidas. Muitas vezes vi o Espírito de ambas, quer em vigília quer durante os desprendimentos mediúnicos, sorridentes e afáveis (Delfina apresentava-se mais esclarecida que Germana), prontas a tentarem algo para, por sua vez, nos auxiliar e satisfazer. E parece mesmo que as duas antigas amigas, uma vez desencarnadas, carrearam para nós grupos de afins espirituais seus, pois, além delas, sempre me causou enternecida estranheza o fato de me ver frequentemente assistida por Espíritos de antigos escravos de raça africana e de índios naturais de antigas tribos brasileiras. Dir-se-ia que o amoroso trato outrora concedido por meus pais àqueles humildes filhos de Deus a quem hospedavam no próprio lar, impelindo-nos ao mesmo proceder para com eles, atraíra para nós outros, os filhos, as simpatias dos desencarnados da mesma classe. No que me diz respeito, porém, essa assistência se exerce de preferência hoje como nunca, durante os fenômenos de desdobramento em corpo espiritual, quando, às vezes, me encontro como que perdida em regiões tenebrosas do mundo invisível ou mesmo da Terra, à mercê de perigos imprevisíveis. Sou mesmo inclinada a crer que, assistindo-me em ocasiões tais, as ditas entidades, já esclarecidas e portadoras de muito boa vontade para acertar nos caminhos da evolução, mais não fariam do que o cumprimento de sagrado dever, porquanto, segundo minhas próprias observações, todas elas formariam falange como que de milícia policial do mundo invisível, combatendo distúrbios que muito se alastrariam pelas duas sociedades se não fossem de algum modo combatidos, milícia que seria dirigida por entidades mais elevadas na hierarquia de Além-túmulo. Poderíamos dar-lhes ainda o qualificativo de 'assistentes sociais' do Invisível, de vigilantes etc., visto que as atividades que as vemos exercer equivalem a tais denominações na sociedade terrena, muito embora conheçamos falanges de veros assistentes sociais, do Invisível, absolutamente diferentes da de que tratamos. Não obstante, jamais me comuniquei com esses amigos espirituais em sessões mediúnicas organizadas, jamais deles recebi quaisquer mensagens escritas ou verbais por intermédio de outro médium, conselhos ou advertências. Apenas me têm eles servido como fiéis amigos, portando-se humilde e discretamente, durante certas ocorrências desenroladas quando dos transes naturais advindos espontaneamente, sem a direção dos protetores maiores. Falam-me poucas vezes, e quando o fazem mostram-se respeitosos e discretos, sendo o seu linguajar comum, idêntico ao meu, sem quaisquer sotaques e modismos tupi-guarani ou africano. Tais Espíritos têm-me socorrido mesmo, livrando-me da perseguição dos bandoleiros do Espaço, os quais costumam preparar armadilhas terríveis para os médiuns, por meio das variadas modalidades de mistificação e de sedução, exercidas durante o sono destes ou por sugestões ingratas, pois os ditos bandoleiros, ou obsessores, são, as mais das vezes, intransigentes adversários dos médiuns, visto que estes constantemente os pressentem e desmascaram, impedindo-lhes os intentos. E assim me socorrendo, uma vez que o fenômeno de desdobramento espiritual é mecanismo que se verifica também naturalmente, fora da ação protetora dos instrutores invisíveis, os humildes amigos em questão dão-lhes caça, detêm-nos aprisionados, muitas vezes, tornando-se então credores do meu reconhecimento, exatamente como aconteceria na Terra se nos víssemos assaltados por marginais e fôssemos socorridos por homens de obscura posição social, mas humanitários e honestos.

Será dever, porém, para melhor compreensão do que desejo relatar, participar ao leitor de que eu mesma descendo de indígenas brasileiros da tribo Goitacás. Minha bisavó paterna, por linha varonil, era legítima índia Goitacás e foi aprisionada, ainda na primeira infância, durante uma grande caçada, por meu tetravô, rico fazendeiro português, no estado do Rio de Janeiro, que mais tarde casou a pupila com um filho seu, o qual se tornou então o meu bisavô. Essa senhora, cujo nome nativo não foi jamais conhecido pela família que a adotou, recebeu o nome cristão de *Firmina* e foi pessoa portadora de grande bondade de coração e honradez, mãe de família exemplar, jamais demonstrando qualquer complexo selvagem, segundo a tradição da família, tornando-se, por isso mesmo, amada e respeitada por toda a descendência, que se honrava também por sua origem. Ao que parece, eu seria o único descendente seu que se não entusiasmava pela origem Goitacás, embora também amasse a memória da ancestral piedosa, a quem nem mesmo o meu genitor chegou a conhecer, respeitando, contudo, sua recordação, graças ao extenso noticiário que embalou três gerações da família. Pertencendo antes a falanges espirituais emigradas da Europa, não me entusiasmava, portanto, pelos ancestrais indígenas. No entanto, cheguei a bem-querer os índios brasileiros em geral, graças à História Pátria, cujas lições embalaram a minha infância, pois raciocinava que eles, os índios brasileiros, tais como os africanos e os portugueses, tão identificados foram com a família brasileira que, excetuando-se os descendentes diretos de correntes estrangeiras emigradas, nenhum outro brasileiro deixará de guardar nas próprias veias o sangue generoso de uma das três raças acima citadas, sendo que muitos, senão a maioria, os têm, os três sangues, circulando heroicamente pelos próprios canais venosos, em simbólica união. Compreendia, enquanto o ensino espírita, liberal por excelência, fraterno e amoroso, me esclarecia que a verdadeira Pátria da humanidade é o Universo infinito e que todos os homens são irmãos entre si, afins até mesmo com os três reinos inferiores da natureza.

Eu me admirava, pois, de notar ao meu lado, de vez em quando, a título de ajuda e proteção, a figura espiritual de um índio brasileiro, jovem e gentil, aparentando 18 a 20 anos, cujo semblante apresentava melancolia profunda, enquanto as atitudes eram sempre discretas e afetuosas. Por várias vezes encontrei certa semelhança fisionômica nele com certas tias-avós minhas, que eu bem conhecera, mas o fato não me preocupou, passando pela minha mente com rapidez, sem deixar qualquer rastro de deduções. Como Espírito desencarnado, porém, a dita entidade não perdera ainda, talvez por ser essa a sua própria vontade, ou talvez por impossibilidades acima da minha capacidade de apreciação, não perdera ainda o complexo mental da última encarnação terrena, pois o seu aspecto era o do comum dos índios brasileiros, discretamente enfeitado com plumagens de aves e flechas coloridas, e os cabelos compridos caídos pelos ombros revelando antiga raça dos nossos nativos. Sua configuração espiritual, por isso mesmo, nada apresentava de tênue à minha visão, quer durante os transes mediúnicos quer em vigília. Dir-se-ia antes bem sólida e reluzente, semidesnuda e morena, tal como fora o corpo material. E, de tanto ver esse amigo espiritual e ser por ele socorrida, acabei por estimá-lo sinceramente e sua lembrança tornou-se querida ao meu coração, que se enternecia meditando no fato. Dava-me ele a impressão de que, quando homem, sua voz seria de timbre baixo e seu palavreado pausado, pois era assim que agora eu o compreendia, mesmo durante a vigília. No entanto, conforme ficou dito mais acima, jamais me falou em linguagem abastardada, e sim naturalmente, conquanto o fizesse poucas vezes. De certa feita perguntei-lhe o nome, para que o amasse melhor e melhor orasse por ele, por atender a uma sua própria solicitação, pois, conforme tenho declarado algures, não gosto de tratar com Espíritos anônimos. Ele, porém, deu de ombros, sorriu tristemente e respondeu num gesto gracioso, como desejando desvencilhar-se de uma impertinência:

— José... Chamo-me José...

Ora, há cerca de dois anos, certo fenômeno de desdobramento espontâneo e, por isso mesmo, não assistido pela vigilância dos mentores espirituais, e verificado à revelia até da minha própria vontade, levou-me a volitar pelo Espaço em plano baixo, durante uma linda noite de plenilúnio. Em tais circunstâncias caberá ao médium precatar-se contra possíveis acidentes, mantendo-se em constante correspondência mental-vibratória com seus mentores invisíveis, visto que ele não pode desconhecer a grande responsabilidade que lhe pesa frente ao grave acontecimento.

Conforme afirmação anterior, fora do corpo carnal tudo se afigura mais perfeito e lindo ao grau de penetração e compreensão do nosso espírito. O encanto da noite, pois a poesia se irradiava do luar, que docemente aclarava a paisagem, a par da luz azul que penetra todo o planeta e parece tratar-se das vibrações cósmicas; o perfume da flora, que rescendia heroicamente pela natureza, certamente excitada pelas irradiações magnéticas da fase lunar e sensibilizando o meu olfato, e a reconfortante harmonia que se desprendia de todas as coisas, arrebataram minha imaginação, concedendo-me bem-estar e alegria. Porém, em vez de elevar o pensamento a Deus, louvando-o pelo encantamento que me era dado desfrutar, penetrando o esplendor da natureza, e assim atraindo a assistência dos amigos espirituais, para junto deles algo tentar de útil a favor do próximo ou da própria Doutrina, entrei a volitar displicentemente sob a luz do luar, a cantar e a dançar *balé* clássico, bradando, louca de alegria, de vez em quando:

— Oh! como é bom ser livre! Quisera libertar-me de vez, para expandir intensamente os meus desejos!

E assim permaneci durante algum tempo, que não posso precisar se breve ou longo, esgotando-me sem necessidade, à mercê de um transe mediúnico perigoso, sem sequer me lembrar da existência dos guias espirituais.

Subitamente fui baixando de plano, sem forças para continuar equilibrada na atmosfera, até que toquei o solo. Então, não mais me pude erguer porque as vibrações diminuíram de intensidade, em vista da frivolidade dos pensamentos, os quais retardaram o meu sistema de energias mentais, e estas são a origem de todos os acontecimentos nos planos espirituais, sejam estes elevados ou inferiores. Reconheci-me perdida num deserto de colinas circuladas de montanhas mais altas. Tratava-se de local solitário e impressionante pela vastidão, paisagem tipicamente brasileira, que mais atemorizava pelo silêncio em que se envolvia. Adveio-me penosa sensação de abandono e perigo. Eu me sentia como que tolhida por uma pressão hipnótica, pois não podia raciocinar, não podia orar. Dir-se-ia local de vibrações pesadas, infelicitado por aglomeração de fantasmas obsessores, que ali estabelecessem o seu quartel-general, que me atraíam sempre, quais ímãs poderosos, para trechos mais lúgubres. Sentia estranha pressão no cérebro e singular alquebramento de forças de reação, mas ouvia o pipilar dos grilos e o coaxar das rãs, e silvos finos e agudos me surpreendiam, tendo neles reconhecido, atemorizada, o sinal inconfundível das cobras e serpentes durante o seu amistoso conluio noturno. Distendeu-se a minha

Recordações da mediunidade

visão e então consegui abranger vasto espaço transitado por dezenas desses terríveis ofídios movimentando-se em agitação sugestiva. Até que atrações mais poderosas, invencíveis, me arrastaram para uma grota repulsiva, seguida de matagal profuso e tenebroso. Meu coração pulsava de terror e tremuras incontroláveis me perturbavam o perispírito, sem que me fosse possível qualquer movimento de reação; mas, em dado momento, surgiu à minha frente o jovem índio acima citado, que já por várias vezes me socorrera em passadas situações igualmente críticas. Encontrando-me, ele tomou do meu braço, demonstrando pressa e inquietação, apertou-o com força e exclamou, com sua voz doce e muito baixa, como sempre:

— Que vieste fazer aqui, minha filhinha, estás louca?... Corres grande perigo neste local...

Não revelou a natureza do perigo, mas elevou-se no espaço, segurando-me fortemente pelo braço, e desferiu voo rápido e seguro, atravessando o imenso deserto de colinas, para além das montanhas. Senti, reavivando minhas energias, todo o estranho vigor que se desprendia dele. E ainda hoje me admiro do equilíbrio, da leveza, da rapidez desse voo, que a tempo me socorreu e revigorou. O bom amigo trouxe-me até o quarto de dormir, rapidamente, sem que me fosse possível apreciar o trajeto completo, para verificar em que região do Brasil teria eu ido pairar.

Contemplei meu próprio corpo enrijecido e meio desmaiado sob a ação do transe cataléptico parcial, estirado sobre o leito. O caridoso amigo fez-me retomá-lo com suavidade, servindo-se da mesma técnica dos demais protetores espirituais, e infundindo-me energias reparadoras. Despertando lentamente, pude ouvi-lo ainda, como em afetuosa advertência:

— Não faças mais isso, é muito perigoso. Será necessário a máxima vigilância nessas ocasiões. E agora fica em paz e repousa...

Oh, como não sentir o coração irradiar santas expressões de amor por amigos dessa espécie, tão obscuros quanto amáveis e generosos?

Entrementes, fui informada ultimamente, pelo mesmo amigo José, a quem supunha desconhecido, de que ele próprio pertencera à tribo de índios Goitacases, do Brasil, e que a mim mesma se ligava não apenas por laços de simpatia espiritual, mas ainda pelos de sangue, pois ele fora o irmão mais velho de minha bisavó, revelação que me surpreendeu e chocou sobremodo, pois, com efeito, eu jamais me detivera a pensar na antiga parentela que vivera nas matas fluminenses. Revelou ainda, levando minha surpresa ao assombro, que nossa ligação espiritual data de séculos, pois ele próprio não era Espírito primitivo; que já vivera, reencarnado, em outros climas e outras civilizações, e que seu banimento espiritual para as matas fora ocasionado pela detenção do livre-arbítrio, punição pela longa série de erros e infrações cometidos contra as Leis de Deus. E que tal punição o humilhara tanto, diante da própria consciência e dos amigos de longas eras, que agora decidira reabilitar-se, a despeito de todos os sacrifícios impostos pela expiação. E mais, que esse é o tipo de punição mais doloroso e vergonhoso para um Espírito, porque equivalente ao banimento para planetas primitivos, pois a mata é, do mesmo modo, *um mundo primitivo onde existe choro e ranger de dentes*. E acrescentou:

— Não avalias, minha filhinha, o que é o sofrimento íntimo de um indígena das matas, que já viveu, em existências anteriores, entre civilizados. Pode-se dizer que ele não esqueceu aquele passado, pois este palpita ainda dentro dele e se exterioriza em sonhos, aspirações e intuições. Daí, muitas vezes, a sua decantada tristeza, nostalgia e até neurastenia...

— Se já foste civilizado, como encarnado, porque conservas, agora, a configuração indígena, que é tão primitiva? Não é tempo de corrigir os complexos mentais?... Ou as antigas existências são hoje odiosas às tuas recordações, e por isso preferes a aparência indígena?... — ousei perguntar, valendo-me do direito que a prática do Espiritismo faculta para instrução doutrinária.

— Sim — respondeu —, a atual aparência é-me mais grata, porque não posso desaparecer de mim mesmo, sou eterno e há necessidade de que eu seja alguma coisa individualizada... Foi como indígena brasileiro que iniciei a série de reparações das faltas cometidas no setor civilizado, mas ainda que eu desejasse modificar a minha aparência, não o poderia, por uma questão de pudor e honradez. Como aparecer a mim mesmo ou a outrem com a personalidade de um déspota, um tirano, um celerado, um traidor? Terei de desempenhar longa série de tarefas nobres, nos setores obscuros que me couberem, em desagravo aos males outrora causados no setor civilizado... A punição continua, ainda não estou liberto do pecado... Daí o meu antigo pedido à tua bondade, para que rogasses a Deus por mim...

— Quem te vem punindo, Deus? — voltei a indagar.

— Oh, como podes julgar que Deus pune alguém? Quem me pune sou eu mesmo, é a lei de causa e efeito, é a minha consciência, o desajuste em que me sinto à frente da harmonia universal...

— Podes revelar o grau da nossa ligação do passado?

— Não, não poderei. Nem mesmo como intuição, por um sonho...

— Por que não o podes?

— A Lei divina mo proíbe e não desejo mais infringi-la... e mesmo não mereceria crédito... Somente o que acabo de revelar me é permitido...

Respeitei a lei que tal proibição fazia e não insisti. Não obstante, grande ternura se aninha hoje em meu coração por esse humilde amigo espiritual, discreto e dedicado, cujo sangue do último envoltório carnal que possuiu transita também em minhas veias. E diante de fatos tão inesperados quão edificantes como esse, que a Doutrina Espírita nos faculta, só me restará louvar a Deus, como em prece:

— Obrigada, Senhor, pela graça de me sentir protegida pela generosidade de tão santo amor!

COMPLEXOS PSÍQUICOS

Define-se geralmente a matéria como o que tem extensão, o que é capaz de nos impressionar os sentidos, o que é impenetrável. São exatas estas definições?

Do vosso ponto de vista, elas o são, porque não falais senão do que conheceis, mas a matéria existe em estados que ignorais. Pode ser, por exemplo, tão etérea e sutil que nenhuma impressão vos cause aos sentidos. Contudo, é sempre matéria. Para vós, porém, não o seria.

(Allan Kardec, O livro dos espíritos, q. 21.)

*

Pelo ano de 1958, um parente meu, a quem nestas páginas tratarei pela inicial C, adoeceu gravemente, declarando os médicos consultados tratar-se de úlcera do duodeno. Chamada que fui, do estado de Minas Gerais, onde então me encontrava, a fim de auxiliar no tratamento ao doente, logo de início constatei, por minha vez, que, além da enfermidade física, muito bem diagnosticada pelos médicos, existiam ainda, na pessoa de C, as influências psíquicas deletérias de duas entidades desencarnadas sofredoras, agravando-lhe o mal, as quais eu distinguia facilmente, pela vidência, detendo-se, de preferência, no próprio aposento particular de C, uma delas com a particularidade de se deixar ver deitada no soalho, sobre uma velha esteira e um travesseiro roto e seboso, sem fronha, e coberto com uns miseráveis restos de cobertor. Tratava-se, a segunda entidade, do Espírito de um primo suicida de C, por nome Adão, o qual ingerira formicida dois anos antes e, apesar de haver residido em outro estado da República e nem mesmo ser muito afim com C, agora se plantava no domicílio deste, como Espírito, e era então por mim visto em desatinos pela casa, contorcendo-se em dores e sofrimentos violentos, tais como vômitos constantes, tosse, sufocações, asfixia, aflições desesperadoras, alucinações etc., e com tais complexos atingindo fluidicamente o enfermo, que externava os mesmos sintomas e tinha os seus males agravados.

Médium de faculdades positivas, absolutamente afim com Espíritos de suicidas, dessa vez eu nada sentia de anormal no contato com as duas entidades, limitando-se a minha ação, no caso, apenas ao fenômeno da vidência. No entanto, a entidade suicida, Adão, foi facilmente retirada pela ação da caridade espiritual em conjunção com a terrena e encaminhada a uma sessão do Grupo Espírita Meimei, de Pedro Leopoldo, em Minas Gerais, comunicando-se ostensivamente, pelo fenômeno de incorporação, por um dos médiuns do Grupo, apresentando todas as particularidades da própria personalidade e do gênero de morte que tivera, inclusive os vômitos, a tosse e a asfixia, conquanto o médium permanecesse alheio à existência da mesma entidade e dos fatos em geral a ela relacionados, sendo, ao demais, vista e descrita com minudências pela vidência do médium Francisco Cândido Xavier, que igualmente desconhecia a existência do suicida e os laços de parentesco entre este e C.

Entrementes, a primeira entidade acima citada não fora retirada e continuava sendo vista por mim frequentemente, materializada e externando singulares particularidades. Tratava-se do fantasma de um homem de cor negra, regulando 40 anos, alto e corpulento, obeso, indicando enfermidade grave, pois dir-se-ia atacado de inchação geral, como quem padecesse de grandes males renais. Os pés, muito visíveis, estavam descalços e traíam inchação impressionante e a entidade se deixava ver muito pobremente trajada.

O meu parente C residia numa casa recém-adquirida, no Rio de Janeiro, casa que fora reformada pelo anterior proprietário e que por isso mesmo tomara aspecto assaz agradável. Essa casa, no entanto, fora erguida em terreno onde existira um casebre, sendo este demolido para a nova construção.

Como de hábito, ao ingressar na residência de C, comecei a orar diariamente, à hora do trabalho psicográfico, que não fora interrompido. E nessas ocasiões, e ainda em outras mais, às vezes até inesperadamente durante as lides domésticas, minha visão espiritual, ou o que quer que seja, talvez até mesmo a faculdade psicométrica do ambiente, surpreendia, no local da casa, um casebre, e, em vez do jardim com suas bonitas árvores e folhagens e o piso de cerâmica e cimento, um pobre terreno em ruínas, com canteiros de hortaliças ressequidas e alguns poucos galináceos enfezados, além de utensílios imprestáveis esparsos por toda a parte. E assim continuei, orando e escrevendo mediunicamente (eu recebia então os ditados psicográficos do romance *Nas voragens do pecado*, de Charles), até que, alguns dias depois, durante novo transe positivo de desdobramento em corpo astral, todo o panorama psíquico que se desenrolava no dito domicílio foi-me facultado pelo Espírito Charles, meu dedicado amigo espiritual. Esta entidade incumbe-me sempre de tarefas difíceis, mesmo penosas, exigindo o máximo de minhas forças mediúnicas. Os livros por ela ditados à minha psicografia foram, literariamente, os mais trabalhosos, requerendo dedicação extrema, labor intenso a fim de se aproximarem o mais possível do que ela própria concebera. Na ocasião, isto é, em 1958, incumbiu-me, portanto, de uma das tarefas mais difíceis que me foi dado realizar, principalmente porque seria ação exercida em estado de transe mediúnico, no plano espiritual, e não no terreno. Tentarei descrevê-la o melhor possível, visto não ser isenta de interesse para aqueles que se inclinam aos estudos e observações transcendentes do Espiritismo.

Uma vez, transportada ao estado de espírito semiliberto, vi que desaparecera a casa atual e, em seu lugar, via-se apenas um terreno com um casebre construído em adobes, coberto de telhas velhas, com janelas minúsculas, sem vidros, e portas muito toscas, de tábuas grosseiras, e chão de terra batida. Algumas plantações já arruinadas se deixavam ver, tais como couves, quiabos, jilós etc., e, sobrepondo-se a todas, pela quantidade, arbustos de ervilhas com estacas de taquara. Compreendi que ali existira viçosa chácara de hortaliças, mas que a decadência adviera depois, por circunstâncias que no momento não me foi possível compreender. Dois ou três galos de briga, tipo chinês, iam e vinham pelo terreno, ciscando e cacarejando. Lixo amontoado a um canto e sinais suspeitos de fogo em círculo indicavam a esterqueira para o adubo às plantas e também que o habitante do casebre fora dado à prática de magias, de macumba, como vulgarmente é conhecida a dita prática no dialeto popular brasileiro. Um negro ainda moço, ou o seu Espírito, corpulento, simpático, cuidava das ervilhas com muita atenção, amarrando-as com tiras de imbira[10] às estacas. Usava camisa branca andrajosa, calças escuras com muito uso e sujas de terra, chapéu de feltro velhíssimo, e tudo oferecendo visão de extrema pobreza e decadência. Pés descalços, inchados, como que atacados de elefantíase, enquanto o corpo reluzia, deformado pela inchação.

Com a continuação do fenômeno, nas noites subsequentes, e com a orientação do Espírito guia Charles, fui informada de que aquela entidade chamara-se Pedro, quando encarnada, residira no casebre, e que, agora, desencarnada, continuava no mesmo local, fixando o pensamento no cenário passado e, por isso mesmo, construindo-o ao derredor de si, para seu desfruto ou seu infortúnio, à força de tanto recordá-lo, sendo, portanto, esse o seu ambiente imediato, ou seja, tipo de criação mental

---

[10] Nota da autora: Fibra de casca de árvores, verdes, usada pelos homens da lavoura como amarrilho para os seus serviços.

sólida, idêntica às analisadas pelo sábio professor Ernesto Bozzano em seu interessante livro *A crise da morte*. O cenário dava, pois, até a mim mesma, a ilusão da mais positiva realidade, quando nada mais era que criação mental, inspirada nas recordações fortes do passado, sobre a matéria quintessenciada, ou força cósmica universal, disseminada, como sabemos, por toda a parte. E Charles acrescentou:

— Entrego-te esse pobre irmão para que o consoles dos seus infortúnios, instruindo-o nos princípios da renúncia aos bens terrenos, que ainda aprecia, pela aquisição dos bens espirituais. Podes fazer isso. Faze--o, e serás auxiliada.

Compreendi que insólita confusão se estabelecera no entendimento do pobre Espírito, o qual, se via nova casa no local da sua e a reforma geral do terreno, também continuava vivendo no seu amado casebre, o que equivale dizer que, criando ele mesmo o seu ambiente, pelas recordações fixadas na mente, residia, como Espírito, entre nós outros, os moradores do prédio novo, ao passo que, se se deitava na sua velha esteira, eu o distinguia deitado no soalho do próprio quarto de dormir de C. A verdade era que, tal fora a série de sofrimentos físicos que atingira o chamado Pedro, quando homem, que, agora, traumatizadas a sua mente e respectivas vibrações, transportara para o perispírito os complexos do estado de encarnação, conservando, por isso mesmo, as aparências da antiga enfermidade e os sofrimentos outrora experimentados. O volume do seu corpo rotundo, ou do seu perispírito, nada mais era, portanto, do que ecos mentais da inchação que lhe atacara o corpo carnal, proveniente de dolorosa doença dos rins, que degenerara em terrível câncer que lhe invadira totalmente as entranhas, causando-lhe o decesso físico. Tudo indicava que ele, Pedro, vivera pobremente, do produto da sua pequena horta, e que mais tarde, advindo a enfermidade inclemente, tornara-se miserável, assim morrendo à míngua de recursos. Tratava-se, como se vê, de um pobre ser assaz ignorante e não propriamente mau, mas difícil de se convencer do estado anormal em que vivia, dado, realmente, a sua pequena capacidade de compreensão das coisas. E Charles insistia:

— Será necessário socorrê-lo, não só a bem dele mesmo como de todos vós. Entrego-te para que o ajudes. Os médiuns são colaboradores dos seus mentores espirituais e devem aprender os serviços comuns à vida espiritual quanto antes, visto que muito auxílio recebem para facilitar-lhes os desempenhos. O amigo em questão apenas necessita de amor e caridade. Os médiuns forçosamente devem ser habilitados, antes que qualquer outra pessoa, para esses certames humanitários. Se não os realizam é porque não querem. E a mulher, com as tendências maternais que lhe são próprias, obterá resultados superiores com a prática da mediunidade bem sentida e compreendida, em todos os seus ângulos.

Seria necessário, portanto, que eu instruísse, ou doutrinasse aquele Espírito sem promover nenhuma sessão mediúnica, tal como no caso do suicida Guilherme. Seria como lecionar-lhe os rudimentos da moral do Cristo, dentro do lar, como as mães zelosas aos seus filhos, moral que ele absolutamente não possuía, e da Doutrina dos Espíritos, que ele possuía ainda menos, trabalho preparatório quais os realizados nos Centros Espíritas, que possibilitasse esclarecimentos maiores, no verdadeiro estado espiritual, que ele ainda não conhecia, nem podia viver, dadas as precárias condições vibratórias em que se encontrava. Esse serviço, porém, seria antes realizado em corpo astral, durante transes de desdobramento, e como de uso no Invisível, onde o esclarecimento individual é feito naturalmente, durante conversações amistosas ou em aulas para os mais afins, e não com sutilezas transcendentes, como na maioria das sessões mediúnicas terrenas. Não me atemorizei, porém, pois tudo me parecia natural, e lembro-me ainda de que, da primeira vez que me defrontei com a entidade em questão, de modo a poder falar-lhe a fim de iniciar a tarefa que me fora confiada, passou-se o seguinte:

— Bom dia, Pedrinho, como tem passado você? — exclamei, saudando a entidade.

É de notar que as cenas que se seguirão se desenrolavam durante a madrugada, quando já o sono magnético, ou o que quer que seja, era profundo, estando o cérebro já descansado das impressões do dia e isento, portanto, de interferências. No entanto, jamais presenciei escuridão. Sentia-me, ao contrário, alumiada como que pela claridade do plenilúnio, o que faz supor tratar-se da luz própria do mundo invisível, visto que o fato se passava pela madrugada. Sentindo que era dia e esquecendo-me de que ali me encontrava graças a importante fenômeno mediúnico, eu agia naturalmente e cumprimentava o habitante do Além com um muito humano bom-dia, dando-lhe ainda diminutivo para o nome, pois, com efeito, é hábito meu apelidar os meus amigos com diminutivos para os seus nomes, o que aos desencarnados de situação sofrível, pelo menos, sensibiliza sempre, mas não me atrevendo a tais liberdades com as entidades protetoras.

Ouvindo o cumprimento, a entidade sorriu satisfeita, tendo eu então compreendido que ela me supunha uma nova vizinha, daquelas que lhe compravam as pobres hortaliças ou levavam pequenas dádivas que o auxiliassem na sua miséria, e respondeu, sem deixar de pelejar com o amarrilho das ervilhas:

— Bom dia, Sinhá... Vai-se indo com a graça de Deus... Não ando bom nem nada, Sinhá, como a senhora vê, estou cada vez pior...

— É, vejo que você não está muito bem mesmo, não... E trabalhando assim... Quer que eu o ajude a amarrar as ervilhas às estacas? Você está um pouco fraco, Pedrinho, esse serviço é penoso para uma pessoa nas suas condições... e assim você se cansará cada vez mais... — respondi, observando que ele gostava de se sentir mártir e a fim de cativar a sua confiança antes de mais nada.

Ele aceitou o oferecimento e eu me pus a ajudá-lo no trato às queridas plantas. O que não deixava dúvidas era que as minhas próprias vibrações se conjugavam positivamente com as ondas vibratórias que dele se distendiam e *eu via o terreno tal como fora noutro tempo*, enquanto as hastes das ervilhas e as estacas de taquara pareciam tão sólidas ao meu contato como se se tratasse, efetivamente, de realizações terrenas, a tira de imbira inclusive, que eu ouvia estalar ao ser, por um de nós dois, sacudida para amarrá-la aos arbustos.

Seguiu-se conversação amistosa, por assim dizer diária, durante cerca de dois meses. Na maioria das ocasiões em que assim conversamos, não foi possível recordar integralmente o assunto de que tratávamos. Em transes como esse, as lembranças se conservam intermitentes e muita coisa se esvai ao despertar do mesmo. Só mais tarde retornam, vivas, as lembranças do que então foi vivido, e retornam pelos canais da intuição, acionadas pelo assistente espiritual que orienta o trabalho. Lembro-me, entretanto, de que, chorando, Pedrinho se queixava amargamente de uma pessoa, um homem, que muito o prejudicara, chamando-o frequentemente pelo nome de Seu Romano, e ao qual responsabilizava pela miséria em que se encontrava. Não raro, durante esses colóquios espirituais, eu me via sentada sobre um caixote velho, ao lado do meu pupilo, no quintal, ouvindo-o relatar os próprios infortúnios, enquanto, igualmente sentado, chorava e ouvia, depois, as lições de instrução evangélica e rudimentos da Doutrina Espírita sobre a vida de além-túmulo, que eu lhe transmitia, único bálsamo que a inspiração de Charles me fornecia para lhe aliviar as amarguras. Eu lhe falava então da misericórdia de Deus, que não desampara o sofredor que nela confia, ou da bondade de Jesus, sempre pronto a auxiliar os necessitados, assim levantando a esperança no seu coração e contando-lhe histórias educativas, nas quais Jesus aparecia no esplendor da sua vida prática entre os homens, ou seja, na ação dos seus serviços junto ao próximo. Pedrinho era qual criança, dispondo de pequena capacidade de entendimento para instruções mais amplas, incapaz de forças de penetração para outra forma de esclarecimento. Falava-lhe das curas realizadas por Jesus nos cegos, nos paralíticos, nos leprosos, acrescentando que aquele que tais curas fizera outrora, também, certamente, estenderia sobre ele sua mão protetora a fim de permitir-lhe a cura, de que tanto necessitava, para os seus diversos males; falava das parábolas mais assimiláveis pelo seu entendimento, da ressurreição da filha de Jairo e da de Lázaro, procurando acentuar, intencionalmente, a atenção dispensada pelo Mestre às crianças, aos pecadores e aos doentes, sua grandeza espiritual de Emissário divino, seu amor à humanidade, seus sofrimentos heroicamente suportados, o generoso perdão concedido aos que o haviam perseguido.

Certa vez exclamou ele, provando que assimilava o ensinamento:

— Ah, Sinhá! Se eu vivesse no tempo dele, não é verdade que Ele me curaria dessa minha doença também?

— O tempo é sempre o mesmo, Pedrinho, o divino Mestre não nos abandonou... e estou certa de que há de curar também a sua doença... A sua cura já começou, meu irmãozinho, e dentro em breve você não sentirá mais nada do que vem sofrendo, estará fortalecido e feliz, para conquistar o futuro.

De outra feita, porque eu lhe apresentasse explicações sobre o fenômeno da morte, garantindo que nossa alma continuaria a viver para progredir sempre para Deus e jamais se aniquilando em paragens infernais, riu-se com alegria e declarou:

— Deus permita que seja assim mesmo, porque eu tenho muito medo de ir para o inferno, quando morrer...

As intuições que me eram fornecidas não aconselhavam a surpreendê-lo com a notícia chocante de que ele próprio já não era um homem, e sim um habitante do Além, seria talvez cedo, dado o atraso mental em que permanecia e os múltiplos prejuízos daí derivados. O esclarecimento, ele o receberia mais tarde, por normas naturais, no momento que lhe fosse possível gravitar para plano atmosférico menos denso que aquele em que na realidade estava vivendo.

Pedrinho gostava das histórias evangélicas e costumava rir-se, encantado, ao ouvir que o Samaritano passava pela estrada que ia de Jerusalém a Jericó e socorria o infeliz ferido pelos salteadores, ao narrar-lhe a Parábola do Bom Samaritano; e lembro-me ainda da satisfação com que ouvia a comovente história do Filho Pródigo, perdoado pelo pai depois de tantas peripécias sofridas; da aparição de Jesus a Maria de Magdala e aos apóstolos, depois do Calvário; da conversão de Saulo e outros tantos passos que a inspiração me trazia como recurso para uma adaptação da sua mente às coisas suaves e superiores, que lhe pudessem elevar as vibrações. Notava, ao demais, que o paciente se ia afeiçoando a mim e confiando em minha palavra, sensibilizado e atraído pelo trato afetuoso que eu lhe dispensava. Às vezes chorava, queixando-se de terríveis dores e ardência nos rins, no fígado e no estômago, que o impossibilitavam de alimentar-se. Até que um dia lhe perguntei, segurando a haste de um pé de ervilhas para que ele o atasse à estaca de taquara:

— Quer um médico para se consultar, Pedrinho? Essa doença não vale nada, isso é apenas o seu pensamento, que recorda o tempo em que a doença existiu, fazendo você sofrer novamente... Contudo, ainda assim, você precisa de certo tratamento para a enfermidade da alma, pois é a sua alma que está doente... Será melhor você ir para um hospital, porque lá haverá conforto, tratamento adequado, enfermeiros para atendê-lo, além dos médicos, e tudo será gratuito. Se você quiser, arranjarei sua entrada num hospital muito bom, que eu conheço...

— Mas... — respondeu interessado, não compreendendo o meu intuito, que era afastá-lo daquele ambiente, ao mesmo tempo proporcionando-lhe ensejo de melhoras espirituais. — Eu quero ir para um hospital, sim, a questão é encontrar uma pessoa para tratar das minhas galinhas e das minhas plantas... Não posso ir porque, além de tudo, preciso refazer minha hortinha para ganhar alguma coisa, não posso continuar nessa miséria...

— Ora, em primeiro lugar está a sua saúde, porque doente ninguém pode trabalhar... Eu tomarei conta de tudo, para você poder ir... Acaso você não confia em mim? pois, conforme você sabe, eu também gosto de criar galinhas, até já possuí grande criação de galinhas... e também gosto de tratar de plantas...

Esse serviço de persuasão, porém, nem foi rápido nem fácil. Levou cerca de dois meses de dedicação e coragem, enquanto o meu parente C era submetido a tratamento rigoroso de passes a fim de desintoxicar o próprio organismo das irradiações deletérias da entidade invisível, fortalecendo-se mental e fisicamente a fim de resistir ao delicado complexo. E todo aquele trabalho requeria de mim inteiro senso de responsabilidade, visto que me fora confiado por uma entidade espiritual de categoria elevada, que respeito e amo pelo muito que me tem amado e servido. Eu exigia, portanto, de minhas próprias forças grande cabedal de amor, de paciência, de desvelo e atenções diárias, mesmo em horas de vigília, sem o que a tentativa seria nula e eu não corresponderia à confiança nem ao desejo dos amigos espirituais, e tampouco ao dever para com o Evangelho. Não raro ouvia que Charles me animava:

— Ama-o! — dizia sussurrante. — Trata-o com a alegria do coração, a mesma alegria com que protegerias a renovação educativa de um ser muito amado de sempre. Também esse é teu irmão, credor do teu desvelo...

Perguntar-se-á, no entanto, porque não foi a entidade Pedro retirada do ambiente de C pelo poder dos dois abnegados guias espirituais que orientaram o trabalho, como fora retirada a entidade suicida Adão.

A essa pergunta responderei que, em primeiro lugar, cumpre ao obreiro do Senhor obedecer aos seus dirigentes espirituais, executando as tarefas que lhe foram confiadas, e não tergiversar. O mundo espiritual é complexo, as leis que o regem e as circunstâncias de vida muito elásticas e também complexas, e longe estamos de conhecê-lo em sua verdadeira estrutura para ousarmos criticar a forma de agir dos mentores invisíveis. Complexas serão, por isso mesmo, as circunstâncias dos casos a tratar, e, ignorando a razão por que recebemos uma incumbência e não outra qualquer, o que nos cumpre é obedecer às orientações recebidas e nos alegrarmos com a honra, que do Invisível recebemos, de trabalhar servindo à causa da fraternidade. Em segundo lugar, lembrarei que um suicida, presa de terríveis descontroles vibratórios, será aproximação psíquica bem mais incomodativa e perigosa para a criatura encarnada, que sofre e se enfraquece por este ou aquele motivo, do que uma pobre alma singela, ignorante, mas incapaz do mal voluntariamente, pois o primeiro poderia induzir ao suicídio, mesmo sem o desejar, aquele a quem influencia, ao passo que o segundo, tão necessitado de socorro, talvez ainda mais necessitado que o próprio a quem assedia, estará em melhores condições para receber o esclarecimento necessário para se retirar voluntariamente e não ser expulso ou retirado sob coação. Ao demais, um suicida, tal seja a sua categoria espiritual, não possui nem mesmo condições para compreender advertências doutrinárias. É um alucinado que se debate contra pesadelos incontroláveis, sem noção de senso nem serenidade para refletir e valer-se da própria vontade, razão pela qual será removido do local onde se encontrar, ao mais das vezes, à revelia de si mesmo.

Entrementes, eu continuava no labor de evangelização e esclarecimentos à entidade Pedro, preparando-o quanto possível para a adaptação à vida do Espírito. Já agora, à noite, durante o expediente psicográfico, religiosamente executado diariamente, era-me dado ler temas espíritas, a par dos evangélicos, e convidava-o a se aproximar de mim para ouvir a leitura, pois sabia-o perambulando pela casa e pelo quintal, supondo-se nos labores da sua horta, e muitas vezes vi-o ao meu lado, neste mesmo aposento onde estas páginas são escritas, ouvindo atentamente a leitura de excelentes páginas, instrutivas e consoladoras. E certa vez, à noite, estando eu a exercitar a 'Sonata ao Luar', de Beethoven, ao piano, fui surpreendida com a presença do mesmo Pedrinho. Sentava-se numa cadeira de braços, próximo ao piano, como qualquer ser humano, e, com as mesmas vestes rotas e maculadas de terra, o rosto apoiado na mão, ouvia a música com enternecimento e chorava, acrescentando que jamais, em toda a sua vida, ouvira melodia tão linda e agradável como essa. Ele era como o filho desamparado e necessitado, confiado pelo Consolador ao meu cuidado maternal para os serviços de uma iniciação nas alvoradas do Evangelho, iniciação que seria como o renascimento para fases novas na sua existência de Espírito em lutas pela evolução. Aliás, tal modalidade de trabalho não era absolutamente novidade para as minhas tarefas mediúnicas. Desde muito jovem eu era chamada a tais exercícios transcendentes, e, dentre alguns Espíritos que assim pude auxiliar, destaca-se um, citado no volume *Devassando o invisível*, e que o leitor certamente ainda não esqueceu, ou seja, aquele cognominado Beletrista, pelo singular fato de desejar o anonimato, negando-se a tomar mesmo um pseudônimo.

Certa noite, porém, durante os trabalhos psicográficos, momentos que, segundo parece, favorecem o intercâmbio com os Espíritos dos mortos em geral, recebi a visita de um dos nossos bons amigos espirituais, o qual, muito afim com o próprio C, por particularidades psíquicas ainda não esclarecidas, afirma chamar-se José Evangelista, ter sido homem de cor, quando encarnado, e escravo de descendência africana no Brasil, ao tempo da monarquia. Muito inteligente, mesmo culto, esse Espírito conservou-se um enigma para mim durante algum tempo, pois somente nos dois últimos anos me foi dado conhecer os motivos pelos quais se apresentava senhor de tanta cultura. É, no entanto, grande trabalhador e frequentemente se comunica em nosso núcleo espírita, trabalhando dedicadamente a bem do próximo, às vezes mesmo sob direção de mentores mais elevados, não obstante possuir métodos particulares para agir nos serviços da Fraternidade, pois, como há sido esclarecido, a lei da Fraternidade Universal faculta liberdade de métodos aos seus obreiros, desde que os princípios da mesma sejam observados. O Espírito José Evangelista, no entanto, em se afirmando ex-escravo no Brasil, não apresentava complexos conservados do estado de encarnação, por isso que se exprimia naturalmente, sem o palavreado da raça, senão em estilo clássico, pelo menos de modo normal, embora fácil. Afeiçoado igualmente a mim, na noite acima citada tornou-se visível e fez-se compreender, sussurrando ao meu entendimento:

— Recebi ordem de nossos mestres para auxiliá-la a retirar o Pedro daqui. Ele se encontra já bastante melhor do desajustamento em que teimava conservar-se, e, portanto, apto a compreender alguma coisa, porque mais serenado está o seu coração das amarguras que o oprimiam. De outro modo, ele vem prejudicando C com sua presença e a justiça manda que o afastemos agora com um pouco mais de pressa, uma vez que melhorou bastante.

— Com muita satisfação, meu irmão, aceito seus préstimos, porquanto retirar daqui o nosso paciente realmente não me será possível, senão apenas confortá-lo, ajudando-o a serenar as revoltas do coração e a voltar-se para Deus, a fim de progredir... — respondi, reanimada com a presença do excelente servo do Bem.

José Evangelista apresentava-se de roupagens brancas, conservando, porém, a aparência da cor negra no seu perispírito, visto que sua mente se fixara nesse estado da última existência carnal. Era-lhe grata a existência de escravo, que fora, e por essa razão continuava com aquela cor por livre vontade, pois o perispírito é indene de tais convenções físicas, conforme rezam os códigos da Revelação Espírita.

Nessa mesma noite, retirando-me facilmente do fardo carnal, conforme vinha acontecendo frequentemente, fui surpreendida com outras confidências de Pedrinho, e delas me recordo com tanta precisão como se as recebera neste momento, não obstante os sete anos decorridos. Elas, porém, as confidências, foram espontâneas. Nada perguntei, não as provoquei nem incentivei, nem mesmo sequer as desejei, mas, uma vez externadas, aceitei-as e aqui as transcrevo tais como foram reveladas, por entender que o intercâmbio com o Além-túmulo é preciso ensinamento para nós, por apresentarem lições expressivas e impressionantes da vida real, visto que também com as ilustrações conferidas pelos Espíritos sofredores, e não somente com os instrutores de ordem elevada, aprendemos as grandes teses que nos reeducarão o caráter, pois que os primeiros como que nos facultam lições práticas para corrigirem nossa conduta diária.

Amarrávamos, como sempre, as queridas ervilhas, pois eram essas plantas que maiores cuidados exigiam do antigo horticultor, não obstante

Recordações da mediunidade

já se fazer notória a fadiga que se ia apossando dele, levando-o ao desinteresse pela horta. Chorava enquanto trabalhava, como se as recordações das passadas angústias se aviventassem sobremodo na ocasião. Penalizada, falei-lhe:

— Não chore, Pedrinho, você então não tem fé em Deus? Vamos orar, para que o Senhor nos ajude... Tudo há de melhorar para você, tenhamos um pouquinho mais de paciência...

— Sim, minha Sinhá, eu tenho fé em Deus, sim senhora... Deus nosso Senhor até é muito bom, na verdade — respondeu, chorando —, e não sei como agradecer tanta bondade que tenho recebido dele... Não vê a senhora, minha Sinhá, que, se eu estou sofrendo tanto assim, também tenho quem me ajude muito, graças a Deus... O culpado da minha desgraça foi o seu Romano. A senhora conhece o seu Romano?

— Não, Pedrinho, não conheço, não...

— Pois ele é o vendeiro dali, da rua de cima, um 'intaliano' muito 'inzigente' e 'imbicioneiro'... Eu tinha uns negócios com ele, quer dizer, comprava no armazém dele os mantimentos para mim, o milho para as galinhas, que era bem pouco, porque elas pastavam bem, o querosene para a candeia, o carvão para cozinhar e o sabão para lavar a minha roupa, os pratos e as panelas; mas depois eu adoeci, fiquei ruim como a senhora não imagina, não pude trabalhar mais, não ganhei nada, pois como era que eu havia de bater enxada e sair por aí vendendo as verduras, com a febre que me atacou? Fiquei três meses muito mal, sim senhora, mas continuei comprando no armazém do seu Romano. Pois então eu havia de passar fome? E as galinhas então não precisavam do milho? Mas não pude pagar nada disso com pressa. Então, minha Sinhá, foi que o seu Romano me fez uma traição tão grande que me deixou na miséria que a senhora vê...

— Não pense mais nisso, Pedrinho! O que passou não mais deve ser comentado. Lembrando-se desse triste passado, você se martiriza novamente, sem razão de ser, e piora do seu estado geral... Pense antes em Deus e no futuro e peça forças para esquecer o mau passado e começar vida nova, que será muito melhor do que essa, que tanto o fez sofrer... — acudi eu, desejando arredá-lo dos dissabores que justamente eram os fatores do seu complexo psíquico. Ele, porém, insistia num desabafo que lhe aliviava o coração:

— Mas é que a traição foi grande, minha dona, eu quero que a senhora saiba de tudo, porque até hoje o meu coração sangra... Isso já foi há muito tempo, não sei mais há quantos anos, não senhora... Mas agora já vou melhorando de vida, graças a Deus. Estou bem aliviado das minhas dores e posso trabalhar um pouquinho... Faltam as ferramentas para revirar a terra, minha enxada, meu ancinho, minha pá, meu machado... O que seu Romano fez comigo não se faz com um cachorro, fique a senhora sabendo... Eu também sou gente, ou não sou? Então porque sou negro não sou gente? Só ele é que é gente, porque é alvo? Ele veio aqui, eu estava deitado na minha cama, tiritando com o frio da febre. Ele me tirou da cama, fez-me deitar numa esteira velha, dizendo que ela era mais fresca e boa para a saúde que a cama; carregou minha cama, meu colchão, minhas cobertas, minha mesa, meu armário, minhas cadeiras e meus bancos, pois eu tinha a casa muito arrumadinha porque estava viúvo de pouco tempo; carregou meu baú de roupa, minhas panelas e meus pratos e minhas latas... carregou até minhas abóboras e minhas couves, sim senhora, ele fez isso! carregou os quiabos, os jilós, os cheiros verdes, as ervilhas! Nem as galinhas, nem meus galos de briga e os ovos escaparam da 'ladronice' dele, e levou até as minhas ferramentas, tudo para pagar a tal dívida. Então eu devia tanto assim a seu Romano? Foi ou não foi 'ladronice' dele? Mas eu ia pagar a dívida, sim senhora, a questão era eu ficar bom para poder trabalhar e ganhar o dinheiro. Não era preciso ele fazer isso, não é mesmo? Só ficou aquela esteira velha, acolá... porque mesmo o travesseiro foi a vizinha aí do lado que me favoreceu, por bondade. Os vizinhos pediram a seu Romano para não fazer essa maldade comigo, mas ele respondeu com má-criação, dizendo que ia chamar a polícia para me levar para um hospital, que eu devia muito a ele e ele não

Recordações da mediunidade

podia perder... mesmo porque eu não ficaria bom, mesmo, nunca mais, ia morrer, e, antes que outra pessoa arrecadasse o que era meu, arrecadava ele, a quem eu devia muito... A senhora já viu coisa igual na sua vida? Ah, eu chorei muito, e então foi que fiquei sem recursos para poder trabalhar, piorei muito da minha doença devido ao desgosto sofrido, e até hoje estou assim... e se não fosse a bondade das minhas vizinhas, eu até teria morrido de fome, elas é que me traziam a comida, fiquei vivendo de esmolas, minha Sinhá...

— Entregue seu desgosto a Deus, Pedrinho, e não pense mais nisso, para você conseguir a paz do coração — repeti penalizada. — Mais possui Deus para conceder a você do que seu Romano teve para levar daqui. Ele é mais infeliz que você, pois, praticando tal violência, em vez de observar os deveres da Fraternidade para com o próximo, saiu da graça de Deus, enquanto se você perdoar estará na mesma graça. Não se lembra da resposta de Jesus, quando o apóstolo perguntou quantas vezes deveria perdoar ao ofensor? Jesus respondeu: Perdoa até setenta vezes sete... isto é, perdoa sempre... O melhor é você concordar em ir para o hospital a fim de se restabelecer e poder trabalhar nos serviços de Deus... e não mais com a enxada nas mãos...

Ele, porém, prosseguiu, a mente sufocada pelo complexo que lhe impedia o progresso, talvez impelido por uma necessidade de expansão que lhe forneceria benefícios:

— Que Deus nosso Senhor perdoe a ele e a mim também... Para dizer a verdade, minha Sinhá, eu já odiei seu Romano muito mais que odeio agora. No princípio senti um ódio por ele que, se pudesse, eu o teria devorado vivinho... Fiz até um trabalhinho com fogo e pólvora, para ver se ele devolvia o que era meu. Quis pôr um mal nele, para me vingar. Mas qual! Seu Romano parece até o próprio manhoso. Tem o corpo fechado a sete trancas, sim senhora, não pegou nada nele, minha Sinhá, perdi o tempo, piorei da saúde porque me levantei e abusei sem poder, e ainda gastei o último dinheirinho que tinha, para comprar os apetrechos...

— Nisso você fez mal, Pedrinho, porque, desejando o pior para o próximo, você saiu da graça de Deus e se aliou ao Espírito das trevas. A Lei de Deus recomenda perdoar e esquecer as ofensas, e Jesus Cristo, nosso Mestre, aconselha-nos a amar os próprios inimigos, sem jamais desejar-lhes qualquer mal. Não devemos, portanto, exercer vinganças, seja contra quem for. Deus, nosso Pai, é o único que saberá e poderá corrigir com justiça as nossas faltas. Perdoe, pois, a seu Romano e vá sossegado para o hospital, porque eu garanto que dentro em breve você estará forte e alegre para o trabalho que Deus confiar às suas forças.

Ele ia responder, mas, inesperadamente, apareceu entre nós a figura amável de José Evangelista, apresentando-se tal como se ainda fora um homem e declarando-se comprador de imóveis. Chegou-se a Pedrinho, cumprimentou-o com atenção, apertando-lhe a mão, e afirmando que fora informado de que ele, Pedro, desejava vender sua propriedade. O antigo horticultor protestou fracamente, sem convicção na negativa. E quem os visse conversando tão naturalmente, sem misticismo nem afetação transcendental, julgaria tratar-se de dois cidadãos terrenos empenhados em negócios e não seres espirituais a quem somente questões espirituais poderiam interessar. A certa altura da conversação, demonstrando inequívoca vivacidade, José exclamou, retirando do bolso uma carteira e conservando-a na mão para ser vista pelo interlocutor:

— Desejo comprar, sim, um terreno por estas imediações, e, dentre alguns que sei estarem à venda, o seu é o que mais me convém, pela proximidade da estação da Estrada de Ferro. A você, meu amigo, conviria muito o negócio. Está doente, e assim não poderá trabalhar para desenvolver sua lavourazinha, porque não tem saúde nem recursos e por isso sofre dificuldades sem-fim. Venda, pois, o terreno, eu compro e pago à vista... depois trataremos da escritura... Coloque o dinheiro no banco, vá para o hospital tratar-se... e ao restabelecer-se, deixando o hospital, terá uma quantia razoável para comprar outra propriedade maior e melhor que esta, e tocar a lavourazinha... Afinal, sou seu amigo e o aconselho bem... Somos da mesma raça, da mesma cor. Nossas avós e nossas mães foram escravas, choraram e gemeram no cativeiro, e isso nos deve unir... E esteja certo, amigo Pedro, que em mim você terá um irmão leal ao seu dispor, para protegê-lo e defendê-lo de hoje em diante... Suas infelicidades passaram, confie em Deus e nada receie...

A pobre entidade pôs-se a rir, encantada com o amigo que o Céu lhe enviava. Pediu minha opinião para vender ou não a propriedade, já plenamente familiarizada comigo. Aprovei a proposta de José, incentivando-o a aceitá-la, pois era o melhor que tinha a fazer, compreendendo a caridosa tentativa de José Evangelista a bem de todos nós. E finalmente Pedrinho aceitou a proposta, contagiado pela persuasão do 'comprador'. Vi então José retirar o dinheiro da carteira e passá-lo a Pedrinho, que o recolheu febrilmente, guardando-o, ligeiro, no bolso da calça. Assisti-o a preparar-se para sair demandando o hospital, pois José prontificou-se a acompanhá-lo até lá. Vestiu um pobre paletó de brim surrado, tal qual um homem, colocou na cabeça o chapéu seboso e tomou de uma pequena mala de mão, quase imprestável, enquanto repetiu em surdina, como que para si mesmo:

— Deus nosso Senhor é muito bom, na verdade, e Jesus Cristo é o nosso Mestre e Protetor, conforme explicou a minha Sinhá... Seu Romano foi que me fez uma traição muito grande, mas agora, vejam só, encontro gente boa para me ajudar. O que seu Romano me fez não se faz com um bicho...

— Esqueça o passado, Pedrinho, esqueça e perdoe, para Deus perdoar também as suas faltas. Agora pense no futuro para recuperar o tempo perdido nas trevas do ódio... E vá com Deus...

Não respondeu e saiu naturalmente, pela porta da rua, onde José o esperava tranquilamente. Parecia aturdido, sonolento, distraído. Não se despediu de mim. Compreendi então que ele se encontrava exausto e que não demoraria a se deixar vencer pelo chamado sono reparador, fenômeno importante, que se dá com o desencarnado após o decesso físico, sem o qual este não poderá, realmente, estabilizar-se no verdadeiro estado espiritual.

Saí com ele, enlaçando-o pelos ombros e entregando-o ao novo amigo já no portão do jardim. Compreendendo a boa intenção do alvitre supremo planeado pelo excelente José a fim de minorar as angústias do próximo, enquanto raciocinei, já despertando do transe:

— O bom José Evangelista será também profundo psicólogo, não obstante sua humilde condição de ex-escravo de raça africana. Ele sabe que até mesmo uma entidade desencarnada, tal seja a inércia moral-espiritual em que se encontre, se deixará convencer pela ideia do lucro financeiro, preocupação absorvente do gênero humano...

Entregue a entidades espirituais consagradas aos serviços de recuperação dos Espíritos retardados no progresso, Pedrinho foi, certamente, encaminhado a planos de reajustamento à vida espiritual equivalentes a hospitais terrenos, e ali melhor esclarecido e confortado para uma reencarnação indispensável, visando à fase nova de progresso geral. E nunca mais obtive notícias dele. Todavia, não o esqueci jamais e grande afeição uniu desde então o meu espírito ao dele, e é com o coração enternecido que registro estas recordações. Essa entidade poderia ter sido pessoa humilde e simples quando encarnada, mas a injustiça humana e o menosprezo da sociedade revoltaram-na profundamente, acendendo a chama do ódio no seu coração. Por isso mesmo, ou seja, porque odiou e tentou vingar-se, muito sofreu, tolhida pelas correntes de vibrações desarmoniosas, mas certamente suas faltas foram levadas em conta da ignorância e da penúria em que se movimentou naquela fase da própria evolução.

*

Com a retirada de tão incomodativo inquilino invisível, o doente C melhorou gradativamente, chegando a se restabelecer. O mal físico, no entanto, era passível de cirurgia terrena, e não de medicina psíquica. Dois anos depois, aconselhado pelo Espírito Dr. Bezerra de Menezes, pela faculdade mediúnica de Francisco Cândido Xavier, submeteu-se a melindrosa intervenção cirúrgica, ficando radicalmente curado.

Entrementes, cerca de dois meses após a retirada da entidade Pedro do domicílio de C para regiões apropriadas do mundo invisível, tive ocasião de falar ao amigo espiritual José Evangelista, em memorável sessão íntima em que esse amável e operoso servo do Bem se incorporara no seu médium preferido, formosa senhora desconhecedora dos verdadeiros princípios espíritas, mas portadora de uma faculdade positiva e severamente dirigida por ele nos preceitos do dever e da moral:

— Caro irmão José Evangelista — comecei —, o Sr. entende por verdadeiramente lícita, perante os códigos espirituais, a farsa da compra da propriedade do nosso Pedrinho, para obrigá-lo a sair dela? — Pois sinceramente acredito, com Allan Kardec, que todos nós, experimentadores espíritas, temos o direito de procurar instruir-nos com os Espíritos que nos honram com suas atenções, visto que a própria Doutrina Espírita nos faculta tal direito, para que as dúvidas não persistam obumbrando nosso raciocínio.

A entidade silenciou por alguns instantes, como se meditasse sobre a impertinência da interrogação, talvez medindo a vantagem ou a desvantagem da resposta, e finalmente respondeu, com interessante pergunta:

— Responderei a sua pergunta depois que a senhora me disser como entende a questão da caridade e me indicar que propriedade nosso amigo Pedro possuía, sendo Espírito desencarnado...

Aturdi-me, de início, surpreendida, pois realmente, talvez ainda sugestionada pela forte mentalização do próprio Pedro, me esquecera daquela particularidade, ou seja, esquecera-me de que ele nada mais possuía na Terra. No entanto, respondi, algo desapontada:

— Bem... Realmente, ele não mais possuía nada, era tudo imaginação revivendo o passado... Entendo que a Caridade é o próprio amor de Deus irradiando virtudes sobre nós, suas criaturas, inspirando-nos a prática do Bem, que então realizaremos segundo nossas forças de assimilação e possibilidades, na marcha da própria evolução.

— Sim, pode ser isso também, mas é muito, muito mais que isso, porque a caridade é amor e o amor é infinito e indefinível. Então, pois, a farsa da compra não foi caridade, segundo minhas próprias possibilidades, para com o nosso amigo Pedro? Não foi caridade com o pobre C, chefe de família carregado de responsabilidades, necessitando trabalhar para manter os seus, e que havia três meses sofria os terríveis reflexos das vibrações nocivas daquele cujo corpo físico tombara com um câncer generalizado? Não foi caridade com o próprio Pedro, livrá-lo da fixação mental nesse câncer, que o fez desencarnar há tanto tempo, mas cuja lembrança o aflige ainda, conservando-o imaginariamente doente? Não foi caridade com a família de C, que sofria por vê-lo sofrer e temendo um desenlace do corpo carnal, e que se fatigava nas lides e peripécias que a grave enfermidade do seu chefe arrastava? E não foi caridade também com a senhora, que se esgotava fisicamente nos serviços de ajuda ao enfermo e aos labores domésticos, e à noite continuava a se esgotar mental e psiquicamente, no penoso contato com uma entidade endurecida nas próprias opiniões, enredada em distúrbios mentais provindos da amargura do ódio e do agarramento à matéria? Com a senhora, incumbida de ensiná-lo a amar e perdoar, dedicando-se a ele com paciência maternal, e que levou cerca de dois meses nesse penoso trabalho, quando outras tarefas lhe competiam junto a outros sofredores, talvez mais graves que o mesmo Pedro? Às vezes, minha filha, nós, os servos desencarnados, nos vemos na contingência de nos valermos de farsas desse tipo para impedir que o mal se alastre, provocando crises imprevisíveis, e para preparar o ensejo de o amor resplandecer e a verdade se manifestar, reeducando o ignorante...

— Tem razão, caro irmão — retorqui edificada — , compreendo e agradeço a lição... e peço perdão pela minha impertinência. No entanto, quando Pedrinho descobrir tudo o que se passou poderá aborrecer-se conosco e nos querer mal...

Ele sorriu pela sua médium e acrescentou convictamente:

— Quando ele compreender já estará adaptado à justa razão e não mais poderá querer mal a quem o ajudou na desgraça. De outro modo, por muito ignorante e preso às coisas terrenas que um Espírito seja, ao se reconhecer favorecido pela justiça da Espiritualidade acomodar-se-á a ela de boa mente e o passado de amarguras que viveu na Terra ser-lhe-á incômodo, mesmo pungitivo, muitas vezes, às recordações. Nosso amigo Pedro depressa esquecerá sua hortazinha de couves, suas estacas de taquara e a pobre casa onde tanto sofreu. E ao reconhecer a farsa da compra, como a senhora diz, não se zangará: rir-se-á da própria ignorância, admirar-se-á do pesadelo que o encegueceu durante tanto tempo e do triste papel que desempenhou, tratando de hortaliças que só existiam nas suas forças mentais de criação, tal como o adulto, que se ri dos folguedos dos seus tempos de menino...

*

Meditando sobre os delicados acontecimentos que aí ficam, sou obrigada a reconhecer quantas benesses advêm, por vezes, de um suposto mal que acabrunha as criaturas. Graças à enfermidade de C, um infeliz suicida obteve alívio imediato para as próprias desgraças, recuperando-se para novas etapas de progresso por meio do resgate, e uma pobre alma sofredora, detida na própria evolução espiritual, pelos entraves opressores do ódio e do egoísmo, libertou-se dos terríveis complexos vibratórios, em que soçobrava, para se poder reeducar em princípios aclarados pela lei do amor e do perdão, além das instruções que resultaram de todos esses acontecimentos para nós outros, que igualmente nos debatemos contra os complexos psíquicos que em nós mesmos necessitamos corrigir a fim de lograrmos forças e tranquilidade para as peripécias do progresso. Certamente que, se não fora a doença de C e o meu pequeno concurso, da mesma forma as duas entidades seriam socorridas pelas vias naturais da Lei de Deus, na ocasião precisa. Os homens são os colaboradores do Senhor para auxílio uns dos outros e também dos Espíritos desencarnados mais necessitados. Por isso mesmo ambos seriam socorridos, de qualquer forma, se não pelos homens ao menos por servos espirituais da seara do Bem. E, assim, o Espiritismo é, em qualquer situação, a grande ciência que enaltece e orienta as criaturas na marcha evolutiva para a conquista do reino de Deus, o doce Consolador que protege e fortalece as almas doloridas que bracejam na torrente da adversidade, dizendo-lhes sempre que o amor é, com efeito, o supremo bem que redime a humanidade.

Premonições

Como podemos julgar da liberdade do Espírito durante o sono?

Pelos sonhos. Quando o corpo repousa, acredita-o, tem o Espírito mais faculdades do que no estado de vigília. Lembra-se do passado e algumas vezes prevê o futuro. Adquire maior potencialidade e pode pôr-se em comunicação com os demais Espíritos, quer deste mundo quer do outro. [...] Estando entorpecido o corpo, o Espírito trata de quebrar seus grilhões e de investigar no passado ou no futuro.

(*O livro dos espíritos*, Allan Kardec, q. 402.)

Há sido objeto de muita meditação, por parte dos estudiosos dos acontecimentos psíquicos transcendentais, os curiosos fenômenos de premonições, pressentimentos e mesmo os de profecia. Frequentemente, cada um de nós é avisado, pelos protetores espirituais, durante o sono natural ou provocado, de fatos que mais tarde se realizam integralmente, tais como foram vistos durante aqueles transes. Dar-se-á então o caso de que os sucessos da existência sejam estabelecidos fatalmente, por um programa preestabelecido no Além, programa que nós mesmos, os humanos, podemos ver e analisar contemplando a sua, por assim dizer, maqueta espiritual, durante um sonho, e, assim, avisados do que acontecerá?

É possível que, de algum modo, seja assim. Os fatos capitais da existência humana: provações, testemunhos, reparações etc., foram delineados, com efeito, até certo limite, como o revela a Doutrina Espírita, antes da reencarnação. Nós próprios, se pretendentes lúcidos à reencarnação, coparticipamos da elaboração do programa que deveremos viver na Terra, e, portanto, a ciência de certos acontecimentos a se desenrolarem em torno de nós, ou conosco, ficará arquivada em nossa consciência profunda, ou subconsciência. Durante a vigília ou vida normal de relação, tudo jazerá esquecido, calcado nas profundidades da nossa alma. Advindo a relativa liberdade motivada pelo sono, poderemos lembrar-nos de muita coisa e os fatos a se realizarem em futuro próximo serão vistos com maior ou menor clareza, e, ao despertarmos, teremos sonhado o que então virá a ser considerado o aviso, ou a premonição.

É evidente que tais possibilidades derivam de uma faculdade psíquica que possuímos, espécie de mediunidade, pois a premonição não existe no mesmo grau em todas as criaturas, embora seja disposição comum a qualquer ser humano, a qual, se bem desenvolvida, poderá conceder importantes revelações e provas do intercâmbio humano-espiritual, tais como as profecias de caráter geral, a se cumprirem futuramente, ou mesmo de caráter restrito ao próprio indivíduo e a outro que lhe seja afim. Alguns casos de premonições pelo sonho parecem mesmo tratar-se da interessante e bela faculdade denominada "onírica" (mediunidade pelo sonho), tão citada na *Bíblia* e tão comum ainda hoje. Em importantes obras espíritas de absoluto critério vemos esse fenômeno investigado, estudado e descrito por eminentes pesquisadores dos fatos relacionados com a alma humana e suas forças de ação. Os fatos modernos de premonições já não poderão causar sensação, embora continuem despertando interesse, e apenas vêm para testemunhar os poderes espirituais que conosco carregamos e as relações com o mundo dos Espíritos desencarnados.

Léon Denis, por exemplo, o eminente colaborador de Allan Kardec, tantas vezes por nós citado nestas páginas, a cuja dedicação à Doutrina Espírita tantas belas e elucidativas lições devemos, no seu importante livro *No invisível*, oferece-nos excelentes casos desse fenômeno, casos rigorosamente comprovados pelos acontecimentos posteriores e ocorridos com personagens importantes da História. Transcreve ele valiosas citações de outros autores, no capítulo XIII — "Sonhos premonitórios, Clarividência. Pressentimentos":

> Nos sonhos são, com frequência, registrados fenômenos de premonição, isto é, comprova-se a faculdade, que possuem certos sensitivos de perceber, durante o sono, as coisas futuras. São abundantes os exemplos históricos:
>
> Plutarco (Vida de Júlio César) faz menção do sonho premonitório de Calpúrnia, mulher de César. Ela presenciou durante a noite a conjuração de Brutus e Cassius e o assassínio de César, e fez todo o possível por impedir este de ir ao Senado.
>
> Pode-se também ver em Cícero (De Divinatione, I, 27) o sonho de Simônides; em Valério Máximo (VII, § I, 8) o sonho premonitório de Atério Rufo (VII, § I, 4) e o do rei Creso, anunciando-lhe a morte de seu filho Athys.
>
> Em seus Comentários, refere Montlue que assistiu, em sonho, na véspera do acontecimento, à morte do rei Henrique II (da França), traspassado por um golpe de lança, que num torneio lhe vibrou Montgommery.
>
> Sully, em suas Memórias (VII, 383), afirma que Henrique IV (da França) tinha o pressentimento de que seria assassinado em uma carruagem.
>
> Fatos mais recentes, registrados em grande número, podem ser comprobatoriamente mencionados:
>
> Abraham Lincoln sonhou que se achava em uma calma silenciosa, como de morte, unicamente perturbada por soluços; levantou-se, percorreu várias

salas e viu, finalmente, ao centro de uma delas, um catafalco em que jazia um corpo vestido de preto, guardado por soldados e rodeado de uma multidão em prantos. "Quem morreu na Casa Branca?" — perguntou Lincoln. — "O presidente!" — respondeu um soldado — "foi assassinado!". Nesse momento uma prolongada aclamação do povo o despertou. Pouco tempo depois morria ele assassinado.

Prosseguindo nas interessantes relações dos fenômenos aqui citados, Léon Denis lembra ainda um dos mais importantes, referido pelo astrônomo Camille Flammarion em seu livro *O desconhecido e os problemas psíquicos*. O sensitivo aqui é o Sr. Bérard, antigo magistrado e deputado:

> Obrigado pelo cansaço, durante uma viagem, a pernoitar em péssima estalagem situada entre montanhas selváticas, ele (Sr. Bérard) presenciou, em sonho, todos os detalhes de um assassínio que havia de ser cometido, três anos mais tarde, no quarto que ocupava, e de que foi vítima o advogado Vitor Arnaud. Graças à lembrança desse sonho é que o Sr. Bérard fez descobrir os assassinos.

Cita também o caso romântico de "Uma jovem irmã de caridade (Nièvre) que viu em sonho o rapaz, para ela então desconhecido, com quem depois se haveria de casar-se. Graças a esse sonho, ela se tornou *Mme. de la Bédollière*".

Todavia, as obras mediúnicas espíritas e as obras clássicas do Espiritismo, particularmente, advertem que muitos detalhes, acidentes mesmo, enfermidades, contratempos, situações incômodas etc., não foram programados no Além, por ocasião da reencarnação do indivíduo que as sofre, decorrendo, então, na Terra, em vista da imperfeição do próprio planeta ou por efeito do livre-arbítrio do indivíduo, que poderá agir de forma tal, durante a encarnação, a criá-los e sofrer-lhes as consequências. O homem possui vontade livre e, se não se conduz à altura da sensatez integral, poderá mesclar a sua existência de grandes penúrias, que seriam dispensáveis no seu presente roteiro, e que, por isso mesmo, serão apenas criação atual da sua vontade mal orientada e não programação trazida do Espaço, como fatalidade.

Servindo-nos do direito que a Ciência Espírita concede ao seu adepto, de procurar instruir-se com os seus guias e amigos espirituais, sobre pontos ainda obscuros da mesma, como o fenômeno das premonições, para as quais não encontramos explicações satisfatórias em nenhum compêndio espírita consultado, certa vez interrogamos o amigo Charles sobre a questão. Perguntamos, valendo-nos da escrita:

— Podeis esclarecer-nos sobre o processo pelo qual somos avisados de certos acontecimentos, geralmente importantes e graves, a se realizarem conosco, e que muitas vezes se cumprem como os vimos em sonhos ou em visões?

E ele respondeu, psicograficamente:

— Existem vários processos pelos quais o homem poderá ser informado de um ou outro acontecimento futuro importante da sua vida. Comumente, se ele fez jus a essa advertência, ou lembrete, pois isso implica certo mérito, ou ainda certo desenvolvimento psíquico, de quem o recebe, é um amigo do Além, um parente, o seu Espírito familiar ou o próprio guardião maior que lhe comunicam o fato a realizar-se, preparando-o para o evento, que geralmente é grave, doloroso, fazendo-se sempre em linguagem encenada, ou figurada, como de uso no Invisível, e daí o que chamais 'avisos pelo sonho', ou seja, 'sonhos premonitórios'. De outras vezes, é o próprio indivíduo que, recordando os acontecimentos que lhe serviriam de testemunhos reparadores, perante a Lei da Criação, delineados no mundo espiritual às vésperas da reencarnação, os vê tais como acontecerão, assim os casos de morte, sua própria ou de pessoas da família, desastres, dores morais etc., etc. E os seus protetores espirituais, que igualmente conhecem o programa de peripécias do pupilo, delineado no evento da reencarnação, com mais razão o advertirão no momento necessário, seja por meio do sonho ou intuitivamente. Pode acontecer que, num caso de traição de amor, por exemplo, provação que tanto fere os corações sensíveis e dedicados, e nos casos de deslealdade de um amigo etc., o paciente, durante o sono, penetre a aura do outro, por quem se interessa, e aí descubra as suas intenções, lendo-lhe os pensamentos e os atos já realizados mentalmente, como num livro aberto ilustrado, tal a linguagem espiritual, e então verá o que o outro pretende concretizar em seu desfavor, como se fora a realização de um sonho, pois tudo foi habilmente gravado em sua consciência e as imagens fotografadas em seu cérebro, permitindo a lembrança ao despertar, não obstante empalidecidas. Futuramente o fato será realizado objetivamente e aí está o aviso...

"De outro modo, seguindo a corrente espiritual das ações de uma pessoa encarnada, por deduções um amigo da espiritualidade se cientificará de um acontecimento que mais tarde se efetivará com precisão. Ele poderá comunicar o acontecimento ao seu amigo terreno e o fará de modo sutil, em sonho ou pressentimento. O estudo da lei de causa e efeito é matemática, infalível, concreta, para a observação das entidades espirituais de ordem elevada, e, assim sendo, ele se comunicará com o seu pupilo terreno por meio da intuição, do pressentimento, da premonição, do sonho etc. O estudo da matemática de causa e efeito é mesmo indispensável, como que obrigatório, às entidades prepostas à carreira transcendente de guardiães, ou guias espirituais. Estudo profundo, científico, que se ampliará até prever o futuro remoto da própria humanidade e dos acontecimentos a se realizarem no globo terráqueo, como hecatombes físicas ou morais, guerras, fatos célebres etc., daí então advindo a possibilidade das profecias quando o sensitivo, altamente dotado de poderes supranormais, comportar o peso da transmissão fiel aos seus contemporâneos. É um dos estudos, portanto, que requerem um curso completo de especialização. Outrossim, acresce a importante circunstância de que todos esses acontecimentos de um modo geral se prendem ao lastro da evolução do planeta como do indivíduo, e o sábio instrutor deste, como os auxiliares do governo do planeta, estão aptos a perceber o que sucederá daqui a um ano, um século ou um milênio, pelo estudo e deduções científicas sobre o programa da evolução da Criação, pois o tempo é inexistente nas esferas da espiritualidade e a entidade sábia facilmente deduzirá, e com certeza matemática, os sucessos em geral, subordinados ao trabalho da evolução, como se se tratasse do momento presente."

"O indivíduo que sofrerá esta ou aquela provação ou o que terá de apresentar testemunhos de valor moral pela expiação, jamais o ignora no seu estado espiritual de semiliberdade por meio do sono ou do transe mediúnico (pode-se cair em transe mediúnico sem ser espírita, mormente quando se dorme), visto que consentiu em experimentar todas essas lições reparadoras. No entanto, se não conserva intuições a tal respeito no estado normal humano, almas amigas e piedosas poderão relembrá-las em sonhos ilustrados, assim preparando-o e auxiliando-o a adquirir forças e serenidade para o embate supremo. Casos há em que o aviso virá por outrem ligado ao paciente, mais acessível às infiltrações espirituais premonitórias. Agradecei a Deus as advertências que vos são concedidas às vésperas das provações. Elas indicam que não sofrereis sozinhos, que amigos desvelados permanecem ao vosso lado dispostos a enxugar as vossas lágrimas com os bálsamos do santo amor espiritual inspirado pelo amor de Deus.

Com essas pequenas indicações e estudando tão interessantes fenômenos, cremos que chegaremos a vislumbrar algo sobre o mecanismo dos avisos transcendentes que tantos de nós temos recebido do mundo invisível às vésperas de acontecimentos importantes de nossas vidas.

A seguir o leitor encontrará pequena série de advertências dessa natureza, concedida a nós e a pessoas do nosso conhecimento, e que não será destituída de interesse para os estudos transcendentais. Certamente que nos seria possível organizar um volume com o noticiário completo que a respeito nos tem vindo às mãos, além daqueles fatos ocorridos conosco. Julgamos, porém, que para o testemunho que a Doutrina Espírita de nós exige, para mais essa face da verdade que tivemos a felicidade de poder comprovar, serão suficientes os que aqui registramos.

*

Eu era, como ainda sou, médium de premonições. Qualquer acontecimento grave, feliz ou desditoso, que me diga respeito ou à família e, menos frequentemente, em que se refira a amigos e à coletividade, é-me descrito em sonhos por meio de quadros encenados ou parábolas, muito antes que aconteça, exatamente como o processo pelo qual obtenho os livros românticos, mediúnicos. No ano de 1940, por exemplo, quando Benito Mussolini, poderoso primeiro-ministro do Rei da Itália, se encontrava no auge do poder, durante um sonho (transe onírico, ou mediunidade pelo sonho, a que a *Bíblia* tanto se refere) foi-me revelado o seu trágico desaparecimento, tal como se verificou, até mesmo o seu cadáver profanado, suspenso de um poste, e os seus pobres olhos esbugalhados de horror, fora das órbitas, como mais tarde os clichês da imprensa e os filmes cinematográficos reproduziram, ao relatarem os acontecimentos de Milão, em 1945. No dia seguinte a esse sonho, referi o fato às pessoas da família como se tratando de uma previsão, mas não fui acreditada, pois não havia, efetivamente, nenhuma razão para eu ser informada, espiritualmente, do futuro que esperava o poderoso 'Duce', como era chamada aquela personagem. Ao demais, como poderia ele decair tanto do seu prestígio de verdadeiro César?

Os anos se passaram, porém, e, ao findar a Segunda Guerra Mundial, os fatos se realizaram como eu a eles assistira em sonho, mesmo nos seus detalhes.

Todavia, por que tal aviso a mim? Teria eu, porventura, assistido a alguma aula do curso de 'Causa e Efeito', no Espaço, e retido aqueles acontecimentos na lembrança? Ou que estranha corrente me levara à percepção de acontecimentos implicando essa personagem? Seria uma profecia? No entanto, com que finalidade se eu, absolutamente, não a levaria à publicidade? Seria porventura a existência de correntes favoráveis ao fato, que me animavam os pensamentos, visto que, meditando frequentemente naquela figura de estadista, nela eu supunha entrever a reencarnação de certo Imperador Romano, cujas características muito se coadunavam com as do altivo 'Duce'?

São indagações para as quais não encontro solução...

Um ano antes desse estranho acontecimento implicando o Sr. Benito Mussolini, ou seja, pelo mês de janeiro de 1939, e residindo eu então em Minas Gerais, entrei a sonhar frequentemente com um cortejo fúnebre muito concorrido e com todas as características da realidade. À frente do mesmo seguia um homem carregando linda coroa de flores naturais. Eu acompanhava o féretro logo após o esquife mortuário, banhada em lágrimas e sentindo o coração se me despedaçar de angústia, mas ignorando a identidade do morto. Durante cerca de seis meses a mesma visão prosseguiu, em sonhos, sistematicamente, incomodativa, irritante. Também durante os desdobramentos em corpo astral eu via o mesmo féretro, acompanhava-o e chorava angustiosamente. Charles aparecia então e me falava decerto palavras consoladoras, mas das quais jamais recordava ao despertar. Uma noite, no entanto, ao acompanhar o cortejo, que persistia nos sonhos, vi que os acompanhantes pararam. Trouxeram uma banqueta e o caixão mortuário foi descansado sobre ela. Reconheci o local da cena: certa rua da cidade de Barra do Piraí, no estado do Rio de Janeiro, à margem da linha férrea da Central do Brasil, a qual se encaminha para o cemitério local, e onde residia minha mãe. Aproximei-me do esquife, como que movida por irresistível automatismo. Suspenderam a tampa do caixão sem que eu percebesse quem o fizera, e vi um cadáver coberto de flores. Retirei o lenço que velava o rosto do morto e então reconheci minha mãe.

Com efeito, pelo mês de setembro daquele mesmo ano minha mãe adoeceu gravemente. A 1º de outubro, pela manhã, eu procurava repousar algumas horas, depois de uma noite insone velando a querida doente. Adormeci levemente e logo um sonho muito lúcido mostrou-me meu pai, falecido quatro anos antes, aproximando-se de meu leito para dizer com satisfação e vivacidade:

— Esperamos sua mãe aqui no dia 17... Faremos uma recepção a ela, que bem a merece... Está tudo bem...

A 18 de outubro ela expirava sob nossas preces resignadas, porque durante todo o dia 17 apenas vivera da vida orgânica, sob a ação de óleo canforado. E os detalhes entrevistos durante a série de sonhos, com que eu fora informada dos acontecimentos a se realizarem, lá estavam: o cadáver de minha mãe foi rodeado de lindas flores, oferecidas por suas amigas, e o cortejo idêntico ao dos sonhos, mesmo com o homem à frente carregando linda coroa de flores naturais, como de uso na localidade pela época, e o trânsito, a pé, pela mesma rua, a caminho do cemitério.

*

Várias são as formas pelas quais os nossos amigos do mundo espiritual nos participam os grandes acontecimentos de nossa vida. Também a morte de meu pai foi descrita antes que ocorresse, mas por meio de suave parábola criada pelo Espírito Dr. Adolfo Bezerra de Menezes. Conforme se verá mais abaixo, a visão pelo sonho nem foi tão forte nem tão dramática como o foi a relativa à morte de minha mãe, embora encerrasse o mesmo aviso premonitório. Ao que parece, o caráter dos instrutores espirituais muito influi na forma pela qual criam as visões ou advertências que nos concedem, nessas ou em outras circunstâncias, assinalando-as com a própria personalidade. O Espírito Charles, embora a sua elevação moral--espiritual e inequívoco amor que consagra ao meu espírito, caracteriza--se pelo modo enérgico de agir, e, se relata fatos, se adverte, imprime o próprio tom positivo na forma de proceder. Como já tive oportunidade de relatar nestas páginas, no que me diz respeito ele exige o máximo das minhas forças mediúnicas, e, quanto às provações por que tenho passado, chegou francamente a declarar que não me pouparia nenhuma delas porque me são necessárias à reeducação do caráter, apenas prometendo sofrê-las comigo e ajudar-me a bem suportá-las. Os dois livros por ele a mim concedidos mediunicamente — *Amor e ódio* e *Nas voragens do pecado* — se revelam como obras fortes, vigorosas na dramaticidade exposta, capazes de levarem a emoção à alma do leitor. O sonho premonitório anunciando a desencarnação de minha mãe caracterizou-se por cenas do mesmo tipo dramático, emocionantes pelo realismo e também pela persistência,

Recordações da mediunidade

visto que durante cerca de seis meses as visões me perseguiram de modo constante. Adolfo Bezerra de Menezes, porém, caráter doce e como que receoso de molestar o próximo, refere-se a assuntos igualmente dramáticos suavizando o enredamento com expressões mais delicadas. Assim são os seus livros mediúnicos a mim concedidos, assim também o anúncio do trespasse de meu pai para o mundo espiritual, anúncio que dulcificou com a própria presença, como que a inspirar confiança e sugerir proteção. Assim foi que, um mês antes da morte de meu pai, ocorrida em janeiro de 1935, eu me vi, durante um sonho, ao lado do mesmo excelente mentor espiritual e diante de uma tela que se diria cinematográfica. Meu pai adoecera havia já um ano, mas, por aquela ocasião, melhorara consideravelmente e ninguém esperava o seu desenlace tão cedo.

Eu me sentava diante da referida tela, junto de meu pai, enquanto Bezerra de Menezes, em plano mais elevado, se mantinha de pé, apontando para a tela, criando-a, certamente, com um pequeno bastão de alabastro. E disse:

— Verás agora o que sucederá a teu pai dentro de bem poucos dias... Esses fatos são naturais na vida de um Espírito e não devemos lamentá-los...

Apresentou-se então, na tela, um prédio, tipo de pequena mansão antiga, que possuía a sua beleza clássica, mas em ruínas. A cada momento o prédio oscilava ameaçando desmoronar. As paredes se mostravam fendidas, os vidros das janelas quebrados, a pintura enegrecida, enquanto ratos iam e vinham por dentro e fora da casa, vorazes, roendo as paredes e o madeiramento e tudo perfurando. Subitamente o prédio desmoronou com estrondo. Ouvi o ruído das paredes desabando até os alicerces, vi a poeira levantar-se e o montão de escombros jazendo por terra, mas em seu lugar outro prédio ficara, o mesmo tipo de mansão, grandioso e belo, de linhas clássicas, porém, novo, leve, gracioso, como construído em doces neblinas cintilantes. Compreendi o significado da cena e pus-me a chorar. O meu próprio pai, que se achava presente, em espírito, abraçou-me carinhosamente, ao mesmo tempo que exclamou sorridente:

— Então, que é isso, minha filha? Pois não és espírita? Por que choras?...

Um mês depois meu pai morria repentinamente, vitimado por um edema pulmonar agudo, que se rompera, sufocando-o no sangue. E eu, com efeito, muito sofri e chorei depois da sua morte, pois, dentre todos os filhos, eu, justamente, fui a que mais padeceu com a sua ausência. Por sua vez, ele próprio, meu pai, ao adoecer, um ano antes, fora avisado de que dentro de um ano seria chamado à pátria espiritual e que, por isso mesmo, se preparasse para o inevitável evento. Atendendo, organizou papéis de família, pondo tudo em ordem e assim evitando preocupações da mesma após o seu decesso. O aviso, porém, viera pela vidência em vigília, durante a hemorragia nasal que tivera a duração de dezessete horas e que marcara o início da sua enfermidade. Tratava-se, portanto, de manifestação espírita, com o aviso premonitório. E os amigos espirituais que então o visitaram foram sua mãe e Charles, a quem ele chamava Dr. Carlos.

Deduz-se que, com mais frequência, somos advertidos dos fatos dolorosos, pois muito mais raras são as notícias que temos de um feliz futuro.

O fato que a seguir apresentamos, rodeia-se da dramaticidade observada naquele referente à desencarnação de minha mãe. Dir-se-ia que o guia espiritual informante possuía o mesmo caráter enérgico e positivo de Charles. Todavia, suas particularidades apresentam certa dose de romantismo e beleza — pois existe beleza em tudo isso — de que não desejamos privar o leitor.

*

— Uma amiga de minha família, cujo poético nome era Rosa Amélia S. G., residente em antiga cidade fluminense, estava para casar-se e encomendara o vestido, para a cerimônia do dia do casamento, à antiga casa de modas Parc-Royal, do Rio de Janeiro. Faltavam apenas quinze dias para o auspicioso evento quando a feliz noiva, que contava apenas 18 primaveras, em certa noite sonhou que recebera pelo correio o volume esperado, com o enxoval. Muito satisfeita, levou-o para o interior da casa, vendo-se rodeada das pessoas da família, que acorreram curiosas, mas, ao abrir a caixa e retirar as peças, o que ela encontrara fora um traje completo para viúva, com o véu negro denominado chorão, como de uso na época para as viúvas recentes. A jovem soltou um grito de horror, fechou a caixa violentamente e despertou em gritos, chorando convulsivamente. Conservou-se consternada durante uns dois ou três dias, mas a perspectiva feliz do enlace próximo, os preparativos para os festejos, a presença amável do noivo, que desfrutava boa saúde e se rira muito das preocupações e do nervosismo da prometida, que receava perdê-lo, a tranquilizaram em seguida, fazendo-a esquecer o pesadelo. Na semana do casamento, efetivamente, chegara o volume pelo correio, e ela própria o recebera, tal como sonhara, não mais se recordando do sonho que tivera e constatando, encantada, a beleza do seu vestido de bodas, que era em cetim branco e todo ornado de flores de laranjeira, o véu de tule vaporoso e lindo, e a grinalda simbólica. Realizou-se, finalmente, o casamento no sábado seguinte. Dois meses depois, no entanto, o jovem esposo, tendo necessidade de visitar o Rio de Janeiro, adquiriu ali uma infecção tífica, regressando a casa, já em estado grave, e morrendo alguns dias depois. E somente quando já na missa do sétimo dia, foi que a jovem viúva se lembrou do sonho que tivera às vésperas das próprias núpcias, pois que se reconheceu trajada exatamente como o sonho profetizara.

Não fui informada se os trajes da viuvez chegaram pelo correio, como os do noivado, expedidos pela mesma casa. O de que estou bem certa é que a jovem Rosa Amélia se conservou viúva durante 20 anos. No entanto, por essa época, quando a conheci pessoalmente, encontrou aquele que deveria ser o seu verdadeiro esposo, provindo da Europa, pois se tratava de um estrangeiro, o qual como que era realmente a outra metade do seu coração e que permanecera ausente até aquela data. Casou-se com ele e viveu felicíssima outros tantos 20 anos, talvez mais, e, apesar do romantismo da sua vida, esta foi a expressão de uma realidade que em parte eu mesma presenciei, dela própria ouvindo a descrição do que aqui relato.

*

Dir-se-ia que a técnica espiritual para tais casos permite que se repitam os caracteres dos avisos, pois muitos deles se parecem uns com os outros, como os dois seguintes, que se assemelham, um com o citado pelo escritor espírita Léon Denis, relativo ao anúncio da morte do presidente Abraham Lincoln, dos Estados Unidos da América do Norte, e o outro com o ocorrido a meu pai durante a noite em que adoecera, implicando não propriamente um sonho, mas a manifestação espírita pela vidência, com a particularidade de ser uma participação do desenlace já ocorrido:

— A boníssima senhora B. C. M., residente em certa localidade fluminense, a duas horas de viagem do Rio de Janeiro, era mãe de nove filhos e esperava o décimo para dentro de um mês, aproximadamente. Nada fazia supor, no estado da dita senhora, uma possibilidade fatal, pois a mesma se sentia bem, encontrava-se sob assistência médica e fora felicíssima em seus partos anteriores. Cerca de um mês antes do décimo sucesso, no entanto, ela sonhou que se encontrava no interior da casa e percebia um movimento desusado na mesma, choro continuado dos seus filhos e irmãos, pessoas trajadas de negro entravam na casa e dela saíam, silenciosas e consternadas. Muito admirada, dirigiu-se ao salão de visitas a fim de se inteirar do que se passava, pois o fato insólito enervava-a. Ao chegar àquele compartimento viu uma essa erguida e sobre ela um caixão mortuário, roxo, rodeado de velas; as paredes cobertas de coroas fúnebres, visitas chorosas e os próprios filhos dela rodeando a essa, desfeitos em pranto. Interrogou então a uma das visitas, mais admirada ainda:

— Que é isso? Quem morreu aqui em casa?

— Olha e vê! — respondeu a visita.

Ela chegou-se a essa, retirou o lenço que velava o rosto do morto e reconheceu-se a si mesma. Um mês depois a senhora *B* dava à luz o seu décimo filho, mas uma circunstância imprevista fê-la abandonar o fardo carnal para atingir as consoladoras estâncias espirituais. Ora, o movimento em sua residência, no dia do seu funeral, mostrou-se exatamente como o entrevisto durante o sonho, consoante descrições dela própria à família e aos amigos, antes de morrer.

O outro caso, não menos dramático e real, mostra-se, entretanto, inteiramente diverso, passando-se da seguinte forma:

— A senhora N. C. residia em famosa cidade mineira, mas fora ao Rio de Janeiro a fim de se submeter à melindrosa operação cirúrgica. Seu filho mais moço, jovem de 15 anos, era aluno de conceituado colégio religioso da cidade, e, deixando-o ali interno, sob os cuidados dos mestres, a senhora N. C. hospitalizara-se naquela cidade, então capital da República, submetendo-se à necessária operação. Três dias havia que fora operada quando todo o colégio, onde internara o filho, aproveitando uma bela manhã de domingo, visitara a represa de água potável, que supria a cidade. Temerariamente, os 120 jovens, acompanhados dos mestres, pretenderam atravessar, em massa, a frágil ponte de madeira, para uso dos funcionários, a qual se estendia de uma margem à outra da represa. A ponte, porém, não resistiu ao peso, ruiu ao meio, atirando às águas numerosos jovens, dentre os quais o jovem Alexandre, filho da enferma, que pereceu afogado com mais quatro rapazes. Temerosos de participarem à mãe enferma o trágico decesso do seu caçula, os familiares silenciaram, esperando pelo seu restabelecimento. No entanto, cinco dias depois do desastre, pela madrugada, a enferma, ainda no quarto do hospital, em penumbra, confessa ter distinguido a formação de uma como que "cerração", que inundou o quarto. Ela própria era que narrava:

— Tive a impressão — dizia — de que a cerração se elevava do leito de um grande rio. Meu filho foi-se elevando lentamente, como surgindo do fundo das águas. Reconheci-o e ele me disse: "Mamãe, venho participar à senhora que no domingo, pela manhã, morri afogado na represa de..."

E os familiares nada mais tiveram a fazer senão confirmar o acontecimento à pobre mãe, a qual, ao que parece, mereceu clemência dos Céus, pois suportou com heroísmo a grande provação.

*

Por minha vez, manifestação do mesmo gênero, mas com perspectivas diferentes, acaba de se apresentar em minha vida de médium praticante, com impressionante realismo:

Meu irmão Paulo Aníbal, funcionário da Companhia Siderúrgica Nacional, na cidade de Volta Redonda, no estado do Rio de Janeiro, adoecera gravemente em dezembro de 1964. Tratava-se de antigo caso de nefrite que se agravara, tornando-o hipertenso com frequentes ameaças de edemas pulmonares e dispneias muito dolorosas. Em maio de 1965, seu estado se agravara de tal forma que temmos o desenlace imediato. Era ele o irmão caçula dentre uma prole de sete, o mais amado pelos seis irmãos que o viram nascer, e nossa tristeza se acentuava a cada dia que se passava, pois, conquanto a Doutrina Espírita seja consoladora, tornando o adepto compreensivo aos ditames das leis naturais, resignado ante as provações de cada dia, a morte na Terra ainda constitui provação para aqueles que veem partir seus entes amados para o outro plano da vida, e nenhum de nós ficará, certamente, indiferente ante a perspectiva do inevitável fato.

Eu acompanhava o querido enfermo na sua permanência num leito de hospital, onde se viu retido durante treze meses, e a 25 de maio, pela madrugada, um tanto fatigada pelas inquietações da noite, insone, reclinei-me junto ao leito do enfermo e ligeira sonolência sobreveio, verificando-se o estado de semitranse, tão próprio ao bom intercâmbio com o Invisível. Vi então que minha mãe, falecida havia 26 anos, se aproximava de nós, olhava atentamente o doente e depois se voltava para mim, dizendo com naturalidade: "Fica descansada e pode repousar. Ele só morrerá em janeiro de 1966."

E meu irmão Paulo Aníbal, com efeito, veio a falecer a 18 de janeiro de 1966.

*

Existem outros avisos, porém, que trazem felicidade, os quais parecem antes revelações protetoras, encerrando mesmo caridade para com aquele que os recebe e ainda provando as simpatias que uma pessoa possa inspirar aos seres desencarnados, não obstante ser encarnada. Alguns desses avisos, tal o que em seguida aqui relataremos, dir-se-iam como que intrigas, ou maledicência, mas, se analisarmos o fato na sua verdadeira estrutura, constataremos que, em vez de intrigas, eles demonstram antes o espírito de justiça e de proteção ao ser mais fraco. Um exemplo bastará para meditarmos todos, não só sobre a necessidade de nos dedicarmos ao cultivo do verdadeiro Espiritismo, cheio de vigor e sutis belezas, a fim de o praticarmos nobremente, tal como deve ser, como também sobre a cautela que nos cumpre observar ao decidirmos dar certos passos graves em nossa vida de relação, pois, conforme ficou dito, nem todas as provações que experimentamos na Terra foram programadas como necessidade irremovível da nossa jornada. Muitas aflições, desgostos e sofrimentos são antes o fruto das inconsequências do momento, a displicência dos nossos atos sob a ação da nossa exclusiva vontade livre, na presente existência.

Uma jovem espírita do meu conhecimento, residente em Minas Gerais, era médium e possuidora de grande espírito de caridade para com os Espíritos sofredores desencarnados. Sua ternura afetiva para com os obsessores, os suicidas, os endurecidos do mundo invisível, era comovente e digna de ser imitada. Ela os cercava de proteção e amor, orando por eles diariamente, em súplicas veementes; lia trechos da Doutrina Espírita e do Evangelho, convidando-os a ouvi-la, compartilhando da sua comunhão com o Alto; oferecia dádivas aos órfãos, aos velhos e aos enfermos em homenagem a eles mesmos, enfim, era coração sentimental e romântico, até na prática da Doutrina dos Espíritos, pois que lhes oferecia flores colhidas do seu jardim, assim como cultivava com as próprias mãos canteiros de margaridas, de rosas e de violetas, que lhes oferecia em prece afetuosa, dizendo-lhes em pensamento, enquanto revolvia a terra ou espargia água sobre os arbustos:

"—Vinde, meus queridos irmãozinhos, e vede: estas flores são vossas, cultivo-as para vós. Vede como Deus é bom e generoso, que, valendo-se de um pequeno esforço nosso, permite que do seio misterioso da terra despontem estas lindas dádivas para o encantamento da nossa vida. Tudo é belo, bom e generoso dentro da natureza e ao nosso derredor, desde o Sol, que nos alumia e aquece, protegendo-nos a vida, até a terra, que nos presenteia com os frutos da sua fecundidade. Por que somente nós havemos de ser maus? Pratiquemos antes de tudo o que for belo e agradável, saibamos cultivar o amor em nossos corações para com todas as coisas, e veremos que tudo sorrirá em volta de nós, tornando-nos alegres e felizes, com horizontes novos em nossos destinos para conquistas sempre maiores e melhores."

Ora, assim como os nossos maus pensamentos reagem em nosso próprio desfavor, infelicitando-nos, por atraírem correntes espirituais negativas, assim também os pensamentos bons, um sentimento suave, uma atitude afável reagirão benevolamente, atraindo correntes amorosas que nos suavizarão as peripécias de cada dia. E assim como as nossas más ações são vistas pelos desencarnados, atraindo os de ordem inferior para o nosso convívio diário, até, por vezes, ao extremo de uma obsessão, assim também as nossas atitudes boas igualmente os alcançarão, atraindo os bons para o nosso convívio diário e reagindo sobre os inferiores por lhes tolher as tentativas menos boas contra nós, e reeducando-os com os nossos exemplos. A jovem em questão tornou-se, certamente, benquista no Além-túmulo, mesmo nas regiões menos felizes, em vista da dedicação demonstrada para com os sofredores, os quais passaram a estimá-la, nela reconhecendo uma amiga, uma abnegada protetora. Graças à sua bondade, tomou ascendência sobre aqueles infelizes que se encontravam no seu raio de atividades mediúnicas, os quais gostariam de um dia lhe poderem demonstrar igualmente amizade e gratidão. O certo foi que essa jovem, cujo nome era Márcia, enamorou-se de um varão, o Sr. R.S.M., ao qual, no entanto, conhecia superficialmente, e tornou-se sua prometida quando foi por ele pedida em casamento. Dadas as circunstâncias prementes da sua vida, pois a jovem Márcia era órfã e sofria a angústia da própria situação social, visto não poder contar com sólida proteção de qualquer membro da família, entendeu ela que o matrimônio solveria todos os problemas que a afligiam, e que aquele homem, que tão dedicado se mostrava, seria, com efeito, o amigo dileto que o Céu lhe enviava para seu protetor na Terra, bênção que a consolaria de todos os desgostos por que vinha passando na sua qualidade de órfã pobre. Era sincera e agia certa de que o noivo também o era, sentimental e romântica, mesclando todos os atos da própria vida com os delicados matizes do próprio caráter. Cerca de quinze dias após a oficialização do compromisso, no entanto, entrou a sonhar que um grupo de Espíritos de humilde categoria do Espaço, ou antes, de categoria moral sofrível, medíocre, avisava-a contra as intenções do prometido e da espécie negativa do seu caráter, como das próprias ações da sua vida particular.

"— É um hipócrita! — exclamavam em conjunto, indignados, apontando para o pretendente, que durante os sonhos aparecia a seu lado. — É um hipócrita, capaz de todas as vilezas! Supõe-te herdeira de uma fortuna e é o interesse, unicamente, que o move... Ele não te ama, pois é caráter incapaz de amar alguém... e se insistires nesse compromisso grandes desordens afligirão a tua vida sem razão de ser..."

E passavam a enumerar as más qualidades do Sr. R.S.M. e a série de deslizes por ele já praticados.

Das primeiras vezes que tal sonho adveio, a jovem Márcia atribuiu-o às suas próprias preocupações e até a mistificações de Espíritos perturbadores, que desejariam prejudicá-la; mas porque o mesmo se repetisse com insistência, impressionou-se de tal forma que providenciou melhores averiguações a respeito do indivíduo a quem confiaria a própria vida, constatando então a justiça dos avisos contidos nos sonhos que tivera, avisos que só poderiam partir de corações sensatos e amigos. O compromisso foi rompido... e a jovem espírita continuou na sua doce tarefa de aconselhar os necessitados do mundo astral com as manifestações da sua ternura toda espiritual e evangelizadora...

*

Finalmente, concluindo a exposição, que já vai longa, o mais interessante de quantos sonhos premonitórios me advertiram, ocorrido em minha juventude, quando já eu adotara convictamente os compromissos com a Doutrina Espírita e os 18 anos floresciam repletos de sonhos e aspirações ternas e lindas. Trata-se de uma parábola por mim vivida sob as sugestões da entidade espiritual designada para a advertência que me deveria fortalecer para renúncias muito dolorosas e difíceis, a tempo de maiores dissabores não infelicitarem ainda mais os dias de minha existência. Como veremos, a técnica usada pelos instrutores espirituais, a fim de me profetizarem as lutas e os sofrimentos por que eu deveria passar, foi semelhante às das demais premonições e também idênticas às encenações vividas para o recebimento dos livros românticos que me foram concedidos por meio da psicografia. É de notar que esse sonho, lúcido por excelência, mostrava cenários tão reais e cenas tão vivas que eu afirmaria que tudo era sólido, "material", e não fruto de uma sugestão forte, durante a qual fora criado pelo poder da vontade mental. O certo foi que eu me vi, pelos meus 18 anos, diante de uma grande ponte em ruínas, que eu deveria atravessar para galgar a margem oposta. Embaixo rolava em turbilhões um rio tenebroso, de águas encachoeiradas e revoltas, rugindo e sacudindo a ponte a cada novo embate das águas convulsionadas, que pareciam ocasionadas por uma grande enchente. Eu me via lindamente trajada com vestes vaporosas, como de gaze imaculada, que voejavam ao soprar dos ventos que subiam do leito das águas, cabelos soltos e coroados de rosas brancas. A noite, aclarada pelo plenilúnio, era bela e sugestiva, deixando ver o azul do céu e as estrelas que brilhavam, límpidas. A meu lado percebi uma entidade elevada, que reconheci como Bittencourt

Sampaio, envolta em túnica romana vaporosa e lucilante, e coroada de louros, como os antigos intelectuais romanos e gregos. E ele dizia:

— Será necessário que atravesses... É o único recurso que tens... Serás auxiliada..."

Pus-me a chorar, desencorajada, pois, se ensaiava entrar na ponte, esta oscilava com o meu peso. Ele, então, Bittencourt Sampaio, tomou do meu braço, amparando-me, e repetiu:

— Vamos, sem temor! Tudo consegue aquele que quer! Não sabes que 'a fé transporta montanhas'? Serás ajudada, confia!"

Assim amparada, atravessei a ponte, timidamente, desfeita em lágrimas, enquanto as águas rugiam embaixo, ameaçando tragá-la e também a mim. A cada passo novas oscilações da ponte, cujo soalho em ruínas me deixava entrever o abismo que corria sob meus pés. Chegando ao lado oposto, lembro-me ainda de que o grande amigo repetiu o aviso do futuro que me esperava, o que não constituía novidade para mim, porque outras profecias já eu tivera sobre o assunto:

— É o único recurso que terás para poder vencer: dedicar-se ao Evangelho do Cristo de Deus, à Doutrina dos Espíritos. Nada esperes do mundo, porque o mundo nada terá para te conceder. És Espírito culpado, a quem a clemência do Céu estende a mão para se poder reerguer do opróbrio do pretérito. Não conhecerás o matrimônio, não possuirás um lar, e espinhos e lutas se acumularão sob teus passos... mas, unida a Jesus e à Verdade, obterás forças e tranquilidade para tudo suportar e vencer...

Com efeito, a premonição realizou-se integralmente, dia a dia, minuto a minuto: minha existência há sido travessia constante sobre um caudal de dores que o Consolador amparou e fortaleceu.

*

Muitos outros exemplos poderíamos citar. Esse cabedal copioso, que todas as criaturas colhem do círculo das próprias relações de amizade ou da observação, poderia resultar em um ou mais volumes interessantes, para deleite dos estudiosos dos fatos supranormais. Os que aqui foram colecionados, apesar de não oferecerem novidades, pois esses fatos são comuns, bastam para lembrar a todos nós que, acima de tudo, eles nos oferecem grandes demonstrações da verdade eterna, que não convém desprezarmos, manifestações do mundo espiritual, o qual se entrechoca e se relaciona conosco, tomando parte em todos os sucessos de nossa vida. Provam, ao demais, a existência da alma além da morte, suas complexas possibilidades, sua individualidade marcante após o desprendimento dos liames carnais, os direitos que lhe são concedidos, pela lei da Criação, de se entender com os homens, com estes mantendo relações afetivas ou protetoras; seu humanitário interesse pelos mesmos, os novos poderes por ela adquiridos depois da morte; o amparo que nos dispensam aqueles caridosos seres que, com seus avisos às vésperas das nossas provações ou dos grandes acontecimentos que nos surpreendem, nos preparam para os embates inevitáveis da existência, prontos a suavizarem quanto possível as dores dos nossos testemunhos. E de tudo também ressalta que uma Doutrina assim completa, como o é o Espiritismo, assim perfeita, que se rodeia de beleza nos mínimos detalhes examinados, realmente merece do nosso coração muita renúncia e devoção para que seja bem estudada, compreendida e praticada, pois o certo é que não será lícito a nenhum de nós encarar com indiferença o alto padrão dessa Ciência celeste que em hora feliz adotamos para, sob suas diretrizes, atingirmos a finalidade gloriosa a que a Criação suprema nos destina.

O COMPLEXO OBSESSÃO

Pode um Espírito tomar temporariamente o invólucro corporal de uma pessoa viva, isto é, introduzir-se num corpo animado e obrar em lugar do outro que se acha encarnado nesse corpo?

O Espírito não entra em um corpo como entras numa casa. Identifica-se com um Espírito encarnado, cujos defeitos e qualidades sejam os mesmos que os seus, a fim de obrar conjuntamente com ele. Mas o encarnado é sempre quem atua, conforme quer, sobre a matéria de que se acha revestido. Um Espírito não pode substituir-se ao que está encarnado, por isso que este terá que permanecer ligado ao seu corpo até o termo fixado para sua existência material.

(*O livro dos espíritos*, Allan Kardec, q. 473.)

Um dos mais belos estudos que o Espiritismo faculta aos seus adeptos é, certamente, aquele a que os casos de obsessão nos arrastam. Temos para nós que esse difícil aprendizado, essa importante ciência de averiguar obsessões, obsessores e obsidiados deveria constituir especialidade entre os praticantes do Espiritismo, isto é, médiuns, presidentes de mesa, médiuns denominados passistas etc. Assim como existem médicos pediatras, oculistas, neurologistas etc., etc., também deveriam existir espíritas especializados nos casos de tratamento de obsessões, visto que a estes será necessária uma dedicação absoluta a tal particularidade da Doutrina, para levar a bom termo o mandato. Tal ciência, porém, não se poderá limitar à teoria, requerendo antes paciente e acurada observação acerca dos casos de obsessão que se apresentem no limite da ação de cada um, pois é sabido que a observação pessoal, a prática no exercício do sublime mandato espírita enriquece de tal forma os nossos conhecimentos a respeito de cada caso com que nos defrontamos que, cada um deles, ou seja, cada obsidiado que se nos depare em nossa jornada de espíritas constituirá um tratado de ricas possibilidades de instrução e aprendizado, visando à cura, quando a cura seja possível. Tantas são as modalidades, as espécies de obsessão que se nos têm deparado durante o nosso longo tirocínio de espírita e médium que, certamente, para examiná-las todas, na complexidade das suas manifestações e origens, precisaríamos organizar um compêndio. Nesta ligeira anotação, portanto, preferiremos tratar de alguns casos da nossa observação pessoal, nos quais agimos como médium, às vezes, ou como conselheiro de ambos os implicados no fenômeno, isto é, o obsessor e o obsidiado. Mas antes que entremos diretamente na exposição que pretendemos tentar, preferimos reportar-nos ao mestre por excelência do Espiritismo, Allan Kardec, cujas sensatas advertências não foram jamais desmentidas pela observação dos seus seguidores, até o presente momento. Em *O livro dos espíritos* vemos ainda os seguintes ligeiros esclarecimentos, que pedimos vênia ao leitor para transcrever, visto que nunca serão demasiados o estudo e a meditação sobre qualquer ponto importante da Doutrina Espírita, se é que nela existem pontos menos importantes uns do que outros. Assim relembremos, além da questão 473, acima citada, também as de número 474 e seguintes. Pergunta Allan Kardec aos instrutores espirituais que ditaram aquele código de ouro:

> 474. Desde que não há possessão propriamente dita, isto é, coabitação de dois Espíritos no mesmo corpo, pode a alma ficar na dependência de outro Espírito, de modo a se achar subjugada ou obsidiada ao ponto de a sua vontade vir a achar-se, de certa maneira, paralisada?

E o instrutor espiritual respondeu:

Sem dúvida e são esses os verdadeiros possessos. Mas é preciso saibas que essa dominação não se efetua nunca sem que aquele que a sofre o consinta, quer por sua fraqueza quer por desejá-la. Muitos epilépticos ou loucos, que mais necessitavam de médico que de exorcismos, têm sido tomados por possessos.

475. Pode alguém por si mesmo afastar os maus Espíritos e libertar-se da dominação deles?

Sempre é possível, a quem quer que seja, subtrair-se a um jugo, desde que com vontade firme o queira.

476. Mas não pode acontecer que a fascinação exercida pelo mau Espírito seja de tal ordem que o subjugado não a perceba? Sendo assim, poderá uma terceira pessoa fazer que cesse a sujeição da outra? E, nesse caso, qual deve ser a condição dessa terceira pessoa?

Sendo ela (a terceira pessoa) um homem de bem, a sua vontade poderá ter eficácia, desde que apele para o concurso dos bons Espíritos, porque, quanto mais digna for a pessoa, tanto maior poder terá sobre os Espíritos imperfeitos,[11] para afastá-los, e sobre os bons, para os atrair. Todavia, nada poderá, se o que estiver subjugado não lhe prestar o seu concurso. Há pessoas a quem agrada uma dependência que lhes lisonjeia os gostos e os desejos. Qualquer, porém, que seja o caso, aquele que não tiver puro o coração nenhuma influência exercerá. Os bons Espíritos não lhe atendem ao chamado e os maus não o temem.

477. As fórmulas de exorcismo têm qualquer eficácia sobre os maus Espíritos?

Não. Estes últimos riem e se obstinam, quando veem alguém tomar isso a sério.

---

[11] Nota da autora: Os grifos são nossos.

478. Pessoas há, animadas de boas intenções e que, nada obstante, não deixam de ser obsidiadas. Qual, então, o melhor meio de nos livrarmos dos Espíritos obsessores?

Cansar-lhes a paciência, nenhum valor lhes dar às sugestões, mostrar-lhes que perdem o tempo. Em vendo que nada conseguem, afastam-se.

479. A prece é meio eficiente para a cura da obsessão?

A prece é em tudo um poderoso auxílio. Mas, crede que não basta que alguém murmure algumas palavras, para que obtenha o que deseja. Deus assiste os que obram, não os que se limitam a pedir. É, pois, indispensável que o obsidiado faça, por sua parte, o que se torne necessário para destruir em si mesmo a causa da atração dos maus Espíritos.

É evidente que, aí, no que acabamos de ler, se trata apenas de casos de obsessão em pessoas que mais ou menos conheçam o fato e que por isso mesmo estariam em condições de auxiliar a própria cura com o veemente desejo de se libertarem do incomodativo assédio, e cuja força de vontade fosse a principal terapêutica. No entanto, a observação, a prática dos trabalhos transcendentes do Espiritismo adiantam que, na maioria dos casos, o obsidiado absolutamente não se encontra em condições de auxiliar a si mesmo, seja em vista da subjugação total por que se deixou envolver, seja pela fraqueza ou a ignorância que a sua vida de descrença e materialismo produziu, retendo-o afinado com as imperfeições de ordem geral. Cumprirá então aos espíritas que tratam do caso, isto é, médiuns e diretores de trabalhos práticos, agirem com o cabedal que a Doutrina fornece, a fim de testemunharem o valor da mesma. Como bem vimos nas perguntas citadas, e como a observação demonstra, será necessário a uns e outros o conhecimento sólido da Doutrina para a análise indispensável das comunicações do obsessor e uma dedicação ilimitada ao trabalho, um coração reeducado nos princípios do amor e da fraternidade, equilíbrio moral autêntico, ou, pelo menos, o desejo sincero de adquirir essas qualidades por meio do esforço diário por uma reforma pessoal, a fim de se imporem ao obsessor pelo exemplo e pureza de sentimentos e assim convencê-lo à própria reforma moral. O próprio médium, a sós consigo e suas leituras e preces, muito poderá contribuir para a conversão do Espírito endurecido, pois os seus exemplos e o amor que por ele demonstrar cativá-lo-ão, e ele se tornará um amigo e daí a aceitar os conselhos sugeridos a distância será menor. Todavia, para atingir tal possibilidade será necessário ao médium, por sua vez, muitas renúncias e reformas pessoais, fé inquebrantável, assistência espiritual comprovada e segura e a possibilidade de permanecer em condições vibratórias, mentais e físicas satisfatórias, constante e diariamente, e não apenas nos momentos em que se sentar à mesa da comunhão com o Invisível para o desempenho do seu sagrado mandato, pois do elevado e criterioso desempenho dos médiuns depende o êxito das reuniões espíritas em geral e das curas das obsessões em particular. Isso afirmamos, porém, não excluindo a responsabilidade dos diretores terrenos das mesmas, de cuja segurança moral e conhecimento de causa igualmente dependem os bons êxitos de quaisquer reuniões práticas de Espiritismo, e lembrando, outrossim, a responsabilidade de cada um dos próprios componentes da mesa. Pode-se dizer, portanto, que esses trabalhos são o fruto de uma comunhão sublime entre médiuns, diretores de sessões e guias espirituais sob o patrocínio do Cristo de Deus, Mestre maior de toda a Ciência, e que, por isso mesmo, todos temos grandes responsabilidades, o desempenho é sagrado para todos e não poderá ser realizado com indiferença ou menor grau de dedicação. Daí o imaginarmos que os trabalhos para curas de obsessão deviam ser especialidade de determinados espíritas e sempre realizados em ambientes discretos, onde quaisquer rumores do mundo não penetrassem, pois é sabido, por quantos se dedicam às investigações transcendentais, que as vibrações ambientes influem poderosamente, bem ou mal, nos trabalhos práticos do Espiritismo. Essas atribuições, ou seja, a dedicação aos casos de obsessão, requerendo constante e profunda atenção, observação e estudo, absorve de tal forma as preocupações do experimentador que bom seria que ele somente se dedicasse a tal setor, a bem dele mesmo e do próprio labor.

No capítulo XXVIII de *O evangelho segundo o espiritismo*, item 6, na "Prece para o começo da reunião", existe a seguinte advertência, a qual sensatamente instruiria os médiuns que a estudassem com o coração atento, e também aos respectivos diretores, pois a instrução espírita não pode perder de vista nenhum detalhe que vise a solidificá-la:

> Bons Espíritos que vos dignais de vir instruir-nos, tornai-nos dóceis aos vossos conselhos; preservai-nos de toda ideia de egoísmo, orgulho, inveja e ciúme; inspirai-nos indulgência e benevolência para com os nossos semelhantes, presentes e ausentes, amigos ou inimigos, fazei, em suma, que, pelos sentimentos de que nos achemos animados, reconheçamos a vossa influência salutar.
>
> Dai aos médiuns, que escolherdes para transmissores dos vossos ensinamentos, consciência do mandato que lhes é conferido e da gravidade do ato que vão praticar, a fim de que o façam com o fervor e o recolhimento precisos.[12]

Entretanto, nem todos os obsessores são verdadeiramente maus, e de muitos deles poderemos fazer amigos espirituais nossos, por meio do bom tratamento fraterno que lhes dispensarmos. Lembramo-nos aqui de um desses obsessores, com o qual travamos conhecimento durante certos trabalhos para curas de obsessão, realizados na antiga Casa Espírita, da cidade de Juiz de Fora, no estado de Minas Gerais, o qual dizia, quando, presidindo nós as sessões, o exortávamos a abandonar a infeliz atitude de perseguidor do próximo, usando então expressões quase integralmente idênticas às aqui lembradas:

— Perdoe, minha querida! É com pesar que a contrario. Peça-me outra qualquer coisa, e eu a atenderei com o coração nas mãos. Peça-me que seja bom e caridoso para com qualquer outra pessoa, que ore pelos que sofrem, como a vejo fazer aqui todos os dias; peça-me seja o que mais for e me esforçarei por atendê-la; mas não me peça para desviar

---

[12] Nota da autora: Todos os grifos são nossos.

Recordações da mediunidade

'dele' (o obsidiado) o castigo que tanto merece, porque isso está além das minhas possibilidades. Se a senhora soubesse o que ele me fez! Da sua pessoa, isto é, a senhora, tão meiga para mim nas suas orações, tão afetuosa, tão boa para os meus companheiros de desgraça, eu gosto muito, muito mesmo! Ser-lhe-ei eternamente grato pelo bem que me vem prestando: estarei pronto a servi-la em qualquer emergência em que lhe puder ser útil, mas a ele não! Eu o odeio com todas as forças do meu coração ultrajado pela maldade dele, e não o pouparei!

— O teu drama foi vivido há tantos anos, meu amigo! Por que retê-lo nas recordações, para continuar sofrendo o seu amargor? Não seria mais consolador procurar perdoar e esquecer, concedendo tréguas ao coração sofredor, para tentar a felicidade na prática do amor fraterno? — revidamos nós, mas pareceu não ouvir a nossa insistência, pois continuou a frase interrompida:

— Sim, minha querida, somente dois lugares lhe assentam bem como residência: o hospício, onde presentemente se acha, ou a cadeia, pois a ambos eu conheci por culpa dele. É um miserável, acredite, é pior do que eu, e merece o que está sofrendo...

Esse obsessor, como se vê, não era dos mais endurecidos, visto que admitia atitudes amáveis para outrem que não o seu adversário, e era sincero, declarando que a este não abandonaria, em vez de mistificar, concordando em se afastar do mesmo apenas no intuito de se livrar de nossa impertinência, como muitos outros o fazem. E quer nas sessões práticas, que então realizávamos, quer a sós, durante a vigília ou em nossos transes de desprendimento, demonstrou sempre grande respeito e mesmo afeto por nossa pessoa. Em certa ocasião, quando as dores de uma grande provação nos assaltaram, tivemo-lo ao nosso lado tentando algo para nosso alívio, qual bom amigo terreno, que, apesar de não ser personalidade propriamente virtuosa, é capaz de bem-querer e favorecer um amigo. Cerca de um ano mais tarde, no entanto, cansou-se de praticar a vingança, envergonhou-se do próprio procedimento e, porque já tivesse adquirido conhecimentos razoáveis sobre o Evangelho e a Doutrina Espírita, graças à convivência com os componentes das aludidas sessões, arrependeu-se, abandonou a presa, que se recuperou lentamente, e despediu-se de nós para novos ciclos de progresso. Como bem se percebe, essa entidade permaneceu, reeducando-se, nas sessões da antiga Casa Espírita, assistindo aos trabalhos práticos e aos estudos durante cerca de dois anos, quando ensejos lhe foram renovados para observar o elevado ideal que movia aquelas criaturas, que outro desejo não possuíam senão o de progredir na prática do Bem e do amor a Deus.

A instrução doutrinária, o exemplo, a paciência e o amor são, portanto, fatores indispensáveis ao bom êxito dos trabalhos de curas de obsessão. E não julguemos que qualquer entidade endurecida no erro possa converter-se e arrepender-se rapidamente, sob a magia da nossa doutrinação durante uma ou duas reuniões. Elas permanecerão, talvez, frequentando nossos trabalhos a fim de se instruírem e se reeducarem sob nosso contato, conosco fazendo o aprendizado rudimentar para conseguirem novas fases de instrução e progresso. Alguns dali mesmo voltarão a reencarnar, sem atingir a Espiritualidade. E então, certamente, o obsidiado igualmente será agraciado com novos ensejos redentores. Entrementes, nada se conseguirá se o próprio obsidiado não auxiliar a cura procurando renovar-se moral e mentalmente, corrigindo suas imperfeições e reagindo contra as sugestões maléficas do opositor. Pela prece humilde e fervorosa, ele muito conseguirá para si próprio, pois, tal procedimento, digno e agradável às Leis de Deus, cansará o obsessor, que cedo se retirará, compreendendo que a si mesmo ofende quando procura ofender o próximo. O obsidiado, então, muito poderá fazer pela regeneração moral do seu obsessor, o que o elevará em méritos no conceito do mundo espiritual, para ele atraindo as simpatias protetoras.

Ainda de *O evangelho segundo o espiritismo*, de Allan Kardec, convém recordar os trechos seguintes, os quais muito alertarão quanto ao que empreendermos para o citado trabalho de curas de obsessão. São extraídos do Prefácio do "Pelos obsidiados", no mesmo capítulo XXVIII, item 81. De sua leitura e respectiva meditação ressalta a necessidade do pleno conhecimento de causa daqueles que se dedicam aos casos de obsessão, consoante acabamos de lembrar:

> Nos casos de obsessão grave, o obsidiado se acha como que envolvido e impregnado de um fluido pernicioso, que neutraliza a ação dos fluidos salutares e os repele. É desse fluido que importa desembaraçá-lo. Ora, um fluido mau não pode ser eliminado por outro fluido mau. Mediante ação idêntica à do médium curador nos casos de enfermidade, cumpre se elimine o fluido mau com o auxílio de um fluido melhor, que produz, de certo modo, o efeito de um reativo. Esta a ação mecânica, mas que não basta; necessário, sobretudo, é que se atue sobre o ser inteligente, ao qual importa se possa falar com autoridade, que só existe onde há superioridade moral. Quanto maior for esta, tanto maior será igualmente a autoridade.[13]

> E não é tudo: para garantir-se a libertação, cumpre induzir o Espírito perverso a renunciar aos seus maus desígnios; fazer que nele despontem o arrependimento e o desejo do bem, por meio de instruções habilmente ministradas em evocações particulares, observando a sua educação moral. Pode-se então lograr a dupla satisfação de libertar um encarnado e de converter um Espírito imperfeito.

> A tarefa se apresenta mais fácil quando o obsidiado, compreendendo a sua situação, presta o concurso da sua boa vontade e da sua prece. O mesmo não se dá, quando, seduzido pelo Espírito embusteiro, ele se ilude no tocante às qualidades daquele que o domina e se compraz no erro em que este último o lança, visto que, então, longe de secundar, repele toda assistência. É o caso da fascinação, infinitamente mais rebelde do que a mais violenta subjugação. (*O livro dos médiuns*, Primeira parte, cap. XXIII).

Em todos os casos de obsessão, a prece é o mais poderoso auxiliar de quem haja de atuar sobre o Espírito obsessor.

---

[13] Nota da autora: Todos os grifos são nossos.

Na "Observação", item 84 do livro *Prece*, existe também este precioso tópico, pois é bem certo que jamais devemos depreciar quaisquer tópicos, por pequenos que sejam, das instruções doutrinárias:

A cura das obsessões graves requer muita paciência, perseverança e devotamento. Exige também tato e habilidade, a fim de encaminhar para o bem Espíritos muitas vezes perversos, endurecidos e astuciosos, porquanto há os rebeldes ao extremo. Na maioria dos casos, temos de nos guiar pelas circunstâncias. Qualquer que seja, porém, o caráter do Espírito, nada se obtém, é isto um fato incontestável, pelo constrangimento ou pela ameaça. Toda influência reside no ascendente moral. Outra verdade igualmente comprovada pela experiência tanto quanto pela lógica, é a completa ineficácia dos exorcismos, fórmulas, palavras sacramentais, amuletos, talismãs, práticas exteriores, ou quaisquer sinais materiais.

A obsessão muito prolongada pode ocasionar desordens patológicas e reclama, por vezes, tratamento simultâneo ou consecutivo, quer magnético, quer médico, para restabelecer a saúde do organismo. Destruída a causa, resta combater os efeitos (Veja-se *O livro dos médiuns*, cap. XXIII, *Da obsessão*).

Cumpre-nos acrescentar, a essas interessantes observações de Allan Kardec, as considerações que se seguem, a nós ditadas psicograficamente, em resposta a determinadas perguntas feitas por um médico espírita. Tantos são os pedidos de esclarecimentos sobre obsessões, que recebemos, que não seriam inúteis investigações perseverantes acerca de todas as feições desse terrível flagelo que parece sondar o homem do berço ao túmulo, sob múltiplos disfarces, o que indica o mal existente nos refolhos da sua própria alma, ou consciência, ou ainda da mente. As referidas considerações recebemo-las do Espírito Dr. Adolfo Bezerra de Menezes e são apresentadas ao público a título de estudo e observação, e não como afirmativa cabal, pois não ignoramos que jamais um médium, leigo sempre nas teses que recebe do Invisível e desconhecendo fundamentos científicos, poderá afirmar como expressão absoluta da realidade aquilo que obtém por meio da sua faculdade, senão dar, ao estudo de adeptos credenciados pela competência e idoneidade de caráter, todo o produto da sua faculdade.

Eis a pergunta:

— As doenças mentais são sempre vinculadas a problemas espirituais? Mesmo aquelas que têm substrato orgânico?

Resposta do Espírito Dr. Bezerra de Menezes:

1 – Certamente, meus amigos, com algumas exceções. As exceções podem ser: fadiga mental, depressões nervosas ocasionadas por algum fator patológico, impurezas do sangue, sífilis e outras de fácil verificação. A própria loucura de origem alcoólica poderá ter causa espiritual, visto que o alcoólatra poderá ser um obsidiado, ou atrair afins espirituais que lhe compliquem os distúrbios. Todavia, nem todas as doenças mentais têm origem na obsessão, embora sejam de origem psíquica. O mundo espiritual é intensíssimo e os homens estão longe de compreender sua intensidade. Por sua vez, o ser psíquico, o perispírito inclusive, e, acima de tudo, a mente, são potências inimagináveis para os homens. Assim sendo, os sentimentos de um desencarnado atingirão intensidades indescritíveis se esse ser não for bastante equilibrado, ou evoluído, para dirigi-las normalmente. A fim de compreendermos o que se seguirá, porém, devemos ter em mente que o perispírito é ligado ao corpo físico, na encarnação, pela rede de vibrações nervosas, e a este dirige como potência equilibradora. O remorso, por exemplo, que é um dos mais avassaladores sentimentos, e que, no estado de desencarnação de um Espírito, chegará a enlouquecê-lo, poderá levar o Espírito a reencarnar em estado vibratório precário, por excitado, deprimido, alucinado, desesperado etc. E, assim sendo, ele carreará para o corpo que habitar predisposições para acentuado desequilíbrio nervoso, intoxicações magnéticas que mais tarde redundarão em doença mental, onde até visões (do passado em que delinquiu) existirão, ao choque de uma possível fadiga mental, de uma

emoção forte ou até de excessos de qualquer natureza, inclusive o excesso sexual e até o alimentar. Seu aspecto será o de um obsidiado. No entanto, ele é obsidiado apenas por sua 'memória profunda', que vinculou sua personalidade humana. Se houve remorso, houve crime, delinquência. E, se houve crime, a consciência, desarmonizada consigo mesma, desarmonizará todo o ser, e de muitas formas. A mente enferma refletirá sua anormalidade sobre o perispírito, que é dirigido por ela, e este sobre o corpo carnal, que é escravo de ambos, pelo sistema nervoso. E eis aí a doença mental com substrato orgânico vinculada a problemas espirituais, mas não propriamente a obsessão na sua feição comum.

Se se tratar desse paciente, pelas vias espíritas comuns, é provável que ele não se recupere, ou pelo menos que não se recupere com facilidade, visto que não existe um obsessor propriamente dito. E se se evocar um obsessor, insistindo na atração, facultar-se-á a possibilidade da comunicação do próprio Espírito do suposto obsidiado, que será atingido pelas correntes vibratórias atrativas, cairá como que em transe, adormecerá e dará a comunicação. Referir-se-á a ele, isto é, ao corpo que ocupa como se se tratasse de outra personalidade, pois é sabido que o Espírito de um vivo, se se comunica em sessões de experimentações, refere-se ao próprio corpo usando a terceira pessoa do singular. Se tais tentativas forem bem planejadas e aplicadas, o tratamento beneficiará o comunicante, visto que ele terá sido doutrinado, evangelizado, instruído, consolado etc., pois tal tratamento é usado no mundo invisível para encarnados sofredores e desequilibrados, com muito bons resultados. Se o instrutor encarnado, porém, durante a comunicação, entrar a supô-lo um obsessor desencarnado e procurar convencê-lo de tal, com assertivas que não se amoldem ao caso, confundirá o comunicante, e ele se retirará assaz desgostoso e desorientado. Assim, pois, para evitar tal contratempo, convém que os dirigentes das sessões conheçam bastante o terreno em que estão agindo, que disponham de médiuns assaz seguros para transmitirem as instruções dos dirigentes espirituais, indicando as tentativas a serem feitas. As sessões de estudo doutrinário serão de grande utilidade para tais casos, se o paciente estiver em condições de frequentá-las.

2 – Um suicida poderá renascer em deplorável estado mental (psíquico-físico), cujos distúrbios, as mais das vezes, crescerão diariamente, à proporção que o perispírito melhor dominar o corpo, quando não for completamente anormalizado desde o nascimento. Um tiro no coração acarretará enfermidade pré-natal desse órgão. Um esmagamento por trem de ferro ocasionará entorpecimento vibratório do perispírito, dado o violento traumatismo que provoca, e, portanto, plenas disposições, no corpo material, para o entorpecimento dos músculos, dos nervos e até da medula espinhal e glândulas cerebrais, em encarnação imediata, e, assim, tendência quiçá irremediável para a paralisia, a demência, o retardamento intelectual etc. Um tiro no ouvido, a surdez, um câncer ou anomalias do aparelhamento cerebral, quando não as mesmas tendências já citadas, além de uma possível cegueira, pois o cérebro foi afetado pelo suicídio, o cérebro perispiritual ressentiu-se de tais efeitos por meio do próprio sistema de vibrações eletromagnéticas. O envenenamento acarretará enfermidade do aparelho digestivo, alteração do sistema circulatório, dispepsias nervosas etc. E todas essas origens psíquicas, alterando os centros nervosos e o sistema de sensações existentes no cérebro, se ramificam, pelo sistema nervoso, pelo aparelho humano, e vão afetar o órgão correspondente ao que, no perispírito, foi assinalado pelo ato anterior do suicídio. Não esqueceremos aqueles que se matam atirando-se de grandes alturas: esses poderão até mesmo renascer predispostos à loucura e, invariavelmente, serão nervosos, inquietos, terão ataques e serão tidos e havidos como epilépticos, quando suas convulsões e manifestações mórbidas nada mais serão do que vínculos mentais que revivem sensações passadas ao evento de uma contrariedade ou qualquer outro choque emocional. E eis novas doenças mentais vinculadas a problemas espirituais, pois tudo isso, alterando extraordinariamente o sistema nervoso, criou rede de complexos que afetará o bom funcionamento mental, visto que é o perispírito enfermo que está dirigindo um sistema nervoso que, necessariamente, se tornou igualmente enfermo. Muitos de tais pacientes dir-se-iam obsidiados, mas em verdade não o são senão pelos próprios distúrbios conscienciais e emocionais que arrastam de uma existência a outra. E tanto necessitarão de

um hábil psiquiatra como da reanimadora assistência do mundo espiritual e até da reeducação moral fornecida pelo Evangelho.

3 – O perispírito, meus amigos, é corpo vivo, passível não só de adoecer-se a mente enferma, mas de refletir também estados conscienciais deploráveis ou sublimes, e os estados conscienciais muito graves poderão ocasionar doenças mentais em um ser encarnado, e convenhamos que tal estado até mesmo se retrata no aspecto fisionômico do indivíduo.

4 – Todos esses casos, influindo no sistema nervoso, afetarão, muitas vezes, o cérebro, uma vez que o primeiro é o veículo natural do perispírito, no estado de encarnação. Daí o fato de os sistemas glandulares do aparelho cerebral humano serem atingidos. Ataques, convulsões, epilepsia, hipocondria, neurastenia e depressões têm origens espirituais e não raro são casos também fundamentados na obsessão, na sugestão hipnótica obsessora (a sugestão hipnótica nada mais é do que obsessão temporária, quando não for positiva) etc. O tratamento psíquico em tais casos será de grande valia, embora não dispense o físico.

5 – Viciando a mente com pensamentos inferiores de qualquer natureza, uma pessoa estará sujeita ao desequilíbrio total e, possivelmente, provocando assédio obsessor dos afins desencarnados. Esses são obsidiados por si próprios ou por outrem, porque o desejam. A cura, nesses casos, mais do que nos demais, dependerá deles próprios, ou seja, da sua renovação moral e mental, da prática do bem, da reeducação total que se impõem, sendo, portanto, tais casos, muito difíceis de serem removidos. Não percamos de vista que o corpo humano é apenas um aparelho delicado, cujas baterias e sistemas condutores de vida são dirigidos pelas forças do perispírito, e este, por sua vez, comandado será pela vontade, isto é, a consciência, a mente.

6 – Acrescentaremos que existem, nos sanatórios para alienados, enfermos considerados incuráveis, e que realmente são recuperáveis. A Psiquiatria diagnosticou o mal de acordo com os estudos da Ciência Oficial,

que somente observou os efeitos do mal, sem cogitar da verdadeira causa, que é psíquica. Em verdade, porém, aquele suposto enfermo incurável assim se conservará porque suas forças mediúnicas se encontram ainda em elaboração. Essas forças, ou agentes transmissores, são: eletricidade, magnetismo e fluido vital, as mesmas propriedades, portanto, particulares ao perispírito, que também é força. Para que o efeito mediúnico se realize, principalmente o efeito mediúnico normal, implicando vibrações capazes de se conjugarem com as vibrações excelentes do Invisível, cumpre que aquelas propriedades vibrem harmoniosamente entre si e com o sistema nervoso do próprio médium, o que nem sempre acontece. Daí a razão por que Allan Kardec declarou ser a mediunidade faculdade espontânea que não deve ser provocada, e sim nobremente aceita quando naturalmente se apresentar, tampouco devendo sofrer insistência no seu desenvolvimento. A faculdade mediúnica não atinge o grau necessário, à possibilidade do desenvolvimento normal, num ano ou em dez, mas através de etapas reencarnatórias. Pode acontecer que a força trinitária de que se reveste o perispírito, sede da mediunidade, não realize ainda a harmonia do conjunto vibratório, diapasão normal necessário ao feito transmissor mediúnico. Exemplo: o fluido vital excessivo para o grau delicado do magnetismo, essência transcendente, não permitirá o diapasão harmonioso de vibrações exigido para o equilíbrio da faculdade. Pode acontecer que o grau de eletricidade existente no perispírito constitua força excessiva, que a função mediúnica excitará ainda mais, atingindo as glândulas cerebrais, enfermando-as. Assim sendo, não possuindo ainda o perispírito o necessário equilíbrio de forças para o fenômeno da transmissão mediúnica, nada mais será que um aparelho defeituoso, que tende a se aprimorar com o tempo para as funções normais, onde a mediunidade é das mais importantes. Se, nesse estado, houver contatos magnéticos de um agente exterior (o Espírito comunicante), fenômeno que se poderá realizar à revelia da Doutrina Espírita, dificuldades imensas se apresentarão, as glândulas cerebrais, mal acionadas por aquela força trinitária, não suportarão os choques daí derivados, o cérebro sofrerá comoções importantes e um tipo de demência, pacífica ou violenta, desafiará a cura pelos processos medicinais, mas que o tratamento psíquico sábio, consciencioso, por meio do magnetismo espiritual, poderá remediar. Essa faculdade, contudo, não será desenvolvida, não dará frutos, o paciente será sempre como que anormalizado por causas mórbidas indefiníveis, visto que ainda não existe a sua possibilidade, pois ficai sabendo que o próprio homem ainda não atingiu a plenitude que a Criação dele exige, é um ser ainda inacabado, ainda em elaboração, que apenas estará plenamente criado quando suas faculdades gerais se equilibrarem em funções coordenadas. E não vejais em tais casos a expiação ou o resgate: tratar-se-á apenas de evolução, pois sabe-se que a evolução, de qualquer natureza, não se fará sem grandes choques e comoções. Haja vista o próprio planeta, que penosamente vem evoluindo entre choques milenares, e assim o homem com ele. E, pois, também a mediunidade em elaboração poderá produzir 'doença mental vinculada a problemas espirituais', sem que, contudo, tais distúrbios sejam normais ou obrigatórios na evolução de cada um.

7 – Nem todos os casos, porém (de complexos psíquicos), são oriundos da chamada expiação ou do resgate. A criatura encarnada está sujeita também a acidentes variados durante a romagem terrena, num planeta onde forças heterogêneas proliferam. Muitos casos deploráveis que assaltam os homens encarnados poderão ser consequências das suas mesmas displicências do presente ou estarão ligados ao *plano de evolução*, que impele a humanidade ao progresso natural, razão pela qual não existirá injustiça nem aberração em casos tais, mas o cumprimento de uma lei, auxílio da natureza ao paciente. Não podemos, ao demais, esquecer que o homem vive num planeta assaz inferior e que muitos contratempos e distúrbios que aí o levam a sofrer resultam do estado do planeta e dele próprio, que com este evolui. O assunto é complexo e por assim dizer infinito, e não poderemos explaná-lo a contento numa simples crônica.

*

A variedade e tipos de obsessão são impressionantes aos olhos do bom observador. Afirmam os instrutores espirituais que as mais perigosas e difíceis de cura, porque ignoradas por todos, uma vez que não demonstram perturbações mentais no indivíduo atacado, são aquelas que ocultamente solapam a vontade do obsidiado por meio de uma sugestão contínua, ininterrupta, exercida, principalmente, durante o sono do paciente, transformando-se em hipnose maléfica. Assim submetido à ação oculta do obsessor, o obsidiado parecerá pessoa comum ao observador, mas em verdade se tornou um autômato, que descerá ao crime ou ao suicídio, se aquele assim o ordenar. Tal obsessão é dificilmente curável, asseveram os mesmos instrutores, porque conta com a cumplicidade do obsidiado, que se apraz na prática dos erros a que o opressor o induz. Vejamos o que a respeito esclarece também a entidade Dr. Adolfo Bezerra de Menezes em seu livro *Dramas da obsessão*, Primeira Parte, cap. I, a nós concedido pela psicografia:

> Refutará o leitor, lembrando que, assim sendo, ninguém terá responsabilidades nos erros que sob tais influências cometer.
>
> Acrescentaremos que a responsabilidade permanecerá com o próprio obsidiado, visto que não só não houve a verdadeira alteração mental como também nenhum homem ou mulher será jamais influenciado ou obsidiado por entidades dessa categoria, se a estas não oferecer campo mental propício à penetração do mal, pois a obsessão, de qualquer natureza, nada mais é que duas forças simpáticas que se chocam e se conjugam numa permuta de afinidades.

Durante o nosso longo tirocínio de trabalhos e observações espíritas, temos deparado obsessões violentas facilmente curáveis e obsessões aparentemente pacíficas absolutamente incuráveis, ao passo que outras, semelhantes a atuações e assédios que mais implicavam fenômeno mediúnico do que fenômeno de obsessão, manifestação de Espíritos num médium moralmente incapaz de assumir o grave compromisso de mediador entre o Invisível e a Terra, e que mais necessitava de renovações pessoais e iniciação doutrinária que mesmo de desenvolver a faculdade que portava, a qual dele faria, sem a renovação pessoal necessária, um eterno joguete das forças inferiores do mundo invisível. É sabido, pois, que nem sempre convém ao médium e ao próprio critério da Doutrina Espírita desenvolver uma faculdade mediúnica que aflora pelos canais da obsessão sem um tratamento prévio do médium, tratamento que será moral, mental e físico, a par da preparação pelo estudo e pela meditação. O bom desenvolvimento mediúnico, que solidifica a faculdade evitando crises obsessoras de muitos gêneros, não implica somente a frequência a determinadas sessões, mas, principalmente, a cultura moral interior do pretendente ao intercâmbio com o invisível, o cultivo das boas qualidades do caráter, o estudo, a meditação, a prática do bem, o método e a organização dos trabalhos espíritas e da própria ação diária da vida, a prece, a leitura edificante corrigindo vícios mentais, o amor generalizado irradiando para manifestações superiores, enfim, uma *renovação de valores* circunstanciada, renovação que não poderá ser, certamente, rápida, mas que será constante nos propósitos de progresso. Tudo isso lentamente aprimora, abrilhanta, solidifica a faculdade mediúnica, evitando possibilidades de um desvio para o campo obsessivo.

Obsessões há surpreendentes, como a seguinte, cuja natureza dá muito que pensar, pois diariamente poderemos encontrar casos idênticos, desconhecendo que se trata de obsessão. Presenciamo-la no ano de 1930, no antigo Centro Espírita de Lavras, servindo nós mesma de intérprete do Espírito Dr. Adolfo Bezerra de Menezes para o serviço de cura. Será de utilidade que em todos os processos de curas de obsessões um médium bastante desenvolvido e fiel ao elevado mandato se torne porta-voz das necessárias instruções dos guias espirituais, o que quer dizer que não nos devemos arrojar pelo espinhoso caminho se tal médium não existir no grupo.

*

— Um jovem de 12 anos, único filho varão de modesto sitiante dos arredores da cidade (Lavras), cujo nome era José Teodoro Vieira,[14] fora

---

[14] Nota da autora: Os nomes próprios aqui citados serao ficticios ou alterados, para fins literários. Os verdadeiros nomes não deverão ser revelados ao público, porque a lei da fraternidade, que o

atacado de uma espécie de paralisia infantil desde os seus 2 anos, paralisia que lhe deformara terrivelmente as pernas, tornando-as tortas, unidas pelos joelhos; os braços eram arcados e retesados, e até a fisionomia se apresentava abobalhada e como que intumescida por um esforço ignoto. Era, além de tudo, também mudo.

Ao penetrar a sede do Centro, acompanhado pelo pai, os dois videntes então presentes e também eu mesma, também presente, fomos concordes em perceber uma forma escura e compacta cavalgando o rapaz, como se ele nada mais fosse que uma alimária de sela, visto que até as rédeas e o freio na boca existiam estruturados na mesma sombra escura. O enfermo, com efeito, mantinha o dorso curvado, como se submetendo ao jugo do seu cavaleiro, chorava de dores musculares, de dores lombares, de ouvido e de garganta, e tudo indicava que uma espécie de reumatismo incurável, uma paralisia parcial, originária da sífilis, o infelicitaria para sempre, pois os médicos consultados já haviam esgotado os seus recursos científicos para o curarem; o pobre pai despendera o máximo das suas posses para o tratamento, mas o mal permanecia desafiando o tempo e as tentativas de cada um. Tratava-se, como vemos, de obsessão típica daquelas citadas nos Evangelhos de Jesus, as quais tinham até mesmo o poder de tornar surdo e mudo o paciente, e que Jesus e seus apóstolos com tanta facilidade curavam com a aposição das mãos. No decurso de 10 anos de domínio, essa terrível obsessão afetara músculos e nervos, glândulas e sistema nervoso do passivo, o que desorientara os próprios médicos, que, tratando do enfermo com os métodos ditos científicos e indicados para o caso, não logravam sequer alívio para ele.

Eu era então o médium responsável pelo intercâmbio espiritual no Posto Mediúnico da Assistência aos Necessitados do Centro referido, verdadeiro templo de amor e ciência transcendente que era aquela organização. Já por essa época o Espírito Dr. Bezerra de Menezes me honrava com sua assistência para todos os trabalhos mediúnicos empreendidos,

---

Espiritismo acata, o proíbe, a não ser que exista licença especial, das personalidades citadas, para que os seus nomes sejam declarados na íntegra, o que não me foi possível obter para os casos presentes.

e fiz imediatamente a consulta necessária, obtendo o simples esclarecimento que se segue:

— Façam o pedido para o enfermo nas vossas sessões comuns. Que ele se submeta a um tratamento de passes diários, no próprio Centro, com uma corrente de três ou mais médiuns, e assista às reuniões que puder. O caso é simples...

Concedeu receita homeopata, que foi religiosamente observada, com os medicamentos fornecidos pela própria Assistência aos Necessitados, gratuitamente.

Logo na primeira sessão realizada e quando o paciente só havia recebido passes, aplicados conforme a indicação, apresentou-se um antigo escravo africano, do Brasil, revoltado contra a violência que faziam, retirando-o à força do dorso do seu "corcel":

— Por que então não posso também castigá-lo, se ele já me castigou tanto — dizia. — Ele foi meu Senhor e me subjugou enquanto vivi... Agora é a minha vez de subjugá-lo com o meu chicote e a minha espora... Não era eu o burro de carga que ele chicoteava? Pois agora o burro é ele e a carga sou eu... Chumbo 'berganhado' não dói...

— Mas não vês que este rapaz conta apenas 12 anos, e não podia ter sido teu Senhor, quando a escravatura foi abolida há tantos anos?... — retrucou o presidente da mesa com inteligência, tentando esclarecimentos doutrinários.

— Ora, ora, ora... — tornou a entidade — eu bem sei o que digo e quem é ele, o meu burro... Ele é Nhonhô Teodoro Vieira, sim, não me engano não... eu nunca o perdi de vista...

Facilmente esse opressor foi retirado e encaminhado às estâncias do Invisível convenientes ao seu estado, talvez a uma reencarnação imediata, e, prosseguindo o tratamento recomendado, o moço enfermo tornou-se radicalmente curado em trinta dias.

Conversando com o pai do jovem, soube-se que "Nhonhô Teodoro" fora o bisavô do próprio enfermo, e que possuíra alguns escravos, pequeno fazendeiro que fora na zona rural da velha cidade. Pela lei da reencarnação, os próprios acontecimentos autorizam a dedução de que o jovem José Teodoro Vieira mais não era do que a reencarnação do próprio bisavô. Colocado agora na quarta geração da própria família, padecia a vingança de um escravo odioso que não fora capaz de perdoar os males recebidos, e, assim, descrendo da Justiça de Deus, fazia justiça pelas próprias mãos. Lembro-me ainda da última receita concedida pela entidade Dr. Bezerra de Menezes ao jovem obsidiado: Beladona e China da 5ª dinamização e seis vidros de antigo reconstituinte muito usado pela época.

Deslumbrado, o pai do rapaz tornou-se espírita com toda a família, desejoso de se instruir no assunto, enquanto o filho, falando normalmente, explicou sorridente:

— Eu sabia falar, sim, mas a voz não saía porque 'uma coisa esquisita' apertava minha língua e engasgava a garganta...

Essa "coisa esquisita" seria, certamente, o "freio" forjado com forças maléficas invisíveis...

*

No antigo Centro Espírita de Lavras tive ocasião de presenciar os mais estranhos e sensacionais casos de obsessão de que tive conhecimento. Dir-se-ia aquele núcleo especializado em tais casos, dada a sua legítima feição de "santuário", onde as repercussões do mundo não encontravam eco. O leitor certamente se lembrará do volume *Dramas da obsessão*, cujos personagens centrais foram ali socorridos. Alguns daqueles casos se apresentavam grotescos, mesmo tocados de humor, outros dramáticos, incuráveis, que os guias espirituais do núcleo desenganavam de imediato, recomendando, todavia, preces continuadas e tratamento de passes, que certamente beneficiariam os infelizes perseguidos e seus perseguidores. Formaria um volume os numerosos casos que presenciei ali e em outras localidades, nos quais tive ocasião de interferir, quer como médium quer como conselheira. Citarei ainda alguns, nestas páginas, visto que estudamos uma tese e não será perdida a observação que fizermos.

De certa feita, pela mesma ocasião em que se passou o caso antecedente, certo jovem de 18 primaveras, também natural da zona rural daquela tradicional cidade mineira, foi levado ao dito Centro Espírita por um seu irmão mais velho, que desejava curá-lo das peraltices que vinha praticando. O jovem, a quem chamavam Joãozinho, saltou então, imediatamente, para as cadeiras vazias do salão, equilibrando-se nos rebordos do encosto das mesmas, frágeis cadeiras de palhinha, que não suportariam o peso do volume, sem virar, se não ocorresse o fenômeno de levitação, espontâneo e belo. O jovem ia e vinha pelos rebordos do espaldar das cadeiras como o equilibrista no arame, no picadeiro de um circo de diversões. Este mesmo obsidiado exibia-se em mímicas, caretas espirituosas e piruetas típicas, espojando-se no chão e coleando qual serpente, ou caminhando sobre as mãos e com as pernas para cima, saltando e pulando graciosamente, quando, no seu estado normal, era modesto e bisonho como legítimo camponês mineiro que era. Para sua cura, no entanto, não foi necessário nem mesmo o trabalho de sessões práticas. Afastada a entidade intrusa pela ação do passe, aplicado com poderosa corrente magnética de quatro médiuns, e comunicando-se a mesma pelo médium de incorporação, que sempre havia à mão, para casos de emergência, identificou-se como um pobre equilibrista de circo, que simpatizara com o rapaz e ensinava-lhe a própria arte, desejando retirá-lo da enxada para labores menos rudes. O paciente foi igualmente curado com facilidade, visto não se tratar de obsessão odiosa, e sim de fortes atuações amistosas do Invisível num admirável médium de efeitos físicos. Este, por sua vez, libertado do seu amável "professor", declarava que assistia a tudo quanto praticava, mas não podia evitar coisa alguma. Envergonhava-se do que fazia, tinha medo dos impulsos que o obrigavam a tais artes e se esgotava muito, sentindo-se alquebrado de forças. Não se tratou, no entanto, de um desenvolvimento mediúnico, obedecendo-se às instruções dos mentores espirituais. O paciente não se interessava pelo Espiritismo, sentia mesmo pavor pelo que consigo se passava, acreditava-se possesso do demônio e não possuía condições morais para o cultivo da sua prodigiosa força psíquica. Abrir as comportas de tal mediunidade, em semelhante indivíduo, seria expô-lo às hordas obsessoras e talvez aos próprios aproveitadores terrenos, que poderiam explorar-lhe a qualidade. Foram recomendados passes apaziguadores. A força mediúnica aquietou-se até segunda ordem...

*

E viu-se depois, certa noite, no amplo salão do Centro, novo e edificante fenômeno de levitação verificado com outro obsidiado, espontâneo como o primeiro, sem quaisquer provocações:

— Certo cidadão, natural da cidade mineira de Formiga, o Sr. Joaquim V., era pequeno fazendeiro, ou sitiante, e vivia placidamente, nas suas lides bucólicas. É de estranhar como os obsessores nutriam preferências pelas pessoas do campo, pois, por aquela época, numerosos eram os casos afetando homens e mulheres das zonas rurais. Aquela personagem, porém, tornando-se presa dos maus Espíritos, recorreu ao Centro Espírita de Lavras a fim de solucionar o seu angustioso problema. Ali chegando à hora do expediente mediúnico, creio que o obsessor, mais galhofeiro e folgazão que propriamente mau, resolveu mostrar as próprias habilidades, certamente supondo infundir admiração e respeito aos circunstantes. Mal chegou ao salão, o pobre homem, Sr. Joaquim V., sobe à parede, dá três ou quatro passos na mesma, acima do nível do soalho, repete a proeza várias vezes, equilibrando-se de cada vez em sentido quase horizontal, rindo-se a bom rir. Amorosamente convidado a descer e a não repetir a façanha, sob o respeito de uma concentração rapidamente organizada pelas pessoas presentes, atendeu facilmente, encaminhando-se voluntariamente para o Posto Mediúnico, parecendo previamente informado de que deveria ali penetrar, como se conduzido pelos assistentes espirituais. Pelo médium J. P., sempre presente para trabalhos de tal natureza (como que especialista), identificou-se o galhofeiro como o Chico da Porteira, compadre do "enfermo", que se queria fazer lembrado porque se sentia esquecido pelo velho amigo. E conscientemente declarou, com naturalidade edificante:

— Não, eu não quero fazer nenhum mal ao meu compadre, pois até gosto muito dele, e por isso estou aqui. Mas há tanto tempo que eu morri e ele nunca me deu uma oração, não me deu nem uma missa, nem um terço, e tanto pouco caso me doeu... Então, faço isso para que ele se lembre de mim...

Encantada com o teor da comunicação, perguntei ao comunicante, servindo-me do direito de observação facultado pela Doutrina:

— E como é que o senhor age para fazer o seu compadre subir à parede?

— Ora... Ele é leve, eu gosto de brincar. Tomo o braço dele e digo: 'Vamos brincar um pouquinho, meu compadre! E ele vai comigo. Isso me diverte...'

Em seguida, virando-se para o compadre que, já aquietado, fitava o médium com os olhos estarrecidos:

— Mande celebrar uma missa para mim, compadre, deixe de sovinice... Eu sei que você tem o cobre...

Evidente era que o galhofeiro conservava a crença católica romana em Além-túmulo, pois exigia a missa como proteção ao novo estado em que se encontrava, e absolutamente não sabia explicar o modo de agir para conseguir a proeza do seu estimado compadre, subindo à parede.

O certo, porém, era que ele produzia fenômeno de levitação idêntico aos de "suspensão do mais pesado do que o ar", como aqueles realizados com mesas e poltronas pesadas: envolvia o amigo nas próprias forças fluídicas e o mantinha equilibrado no ar, embora se tratasse de fenômeno de curta duração. Talvez até mesmo fosse dirigido por outras entidades mais experientes, interessadas em despertar a nossa atenção e nos obrigar a estudos mais acurados do Espiritismo.

— No mundo espiritual, onde o senhor vive presentemente, ninguém o advertiu de que não deveria atormentar assim o seu compadre? — interroguei ainda, procurando informações doutrinárias.

E ele respondeu com a mesma naturalidade:

— Que mundo?... Eu vivo no meu sítio mesmo, no sítio dele, onde costumo passar dias e dias, aqui, ali e acolá, passeando... Não fui para nenhum outro mundo, não, e até tenho muito medo desses assuntos... por isso quero a missa e as rezas dos meus amigos...

Não sei se o Sr. Joaquim V. atendeu ao pedido do velho amigo passado para o Além. O que sei é que, uma vez curado, aliou-se às hostes espíritas e regressou à sua terra natal procurando estudar a admirável Doutrina dos Espíritos. Quanto ao prazenteiro amigo Chico da Porteira, recebeu ele as preces sinceras do Centro Espírita de Lavras durante muito tempo. E o médium J. P., por ocasião da primeira comunicação daquela entidade, ouviu estas expressões do Sr. Joaquim V., as quais todos nós interpretamos como atestado de identidade do comunicante:

— Nem a morte pôde com o compadre Chico! Ele sempre foi assim, estonteado e brincalhão. Deus o tenha na sua guarda...

Esta foi, de certo, a primeira oração dedicada ao amigo, que não o esquecera depois da morte...

*

Também tivemos obsessões violentas, no mesmo Centro, as quais consumiram um ou dois anos para serem resolvidas, exigindo do nosso esforço uma dedicação sem limites, e outras incuráveis, que nos extraíam lágrimas do coração, tal o pesar por vermos, de um lado, o obsidiado sofrer o próprio inferno em situações torturantes, que o próprio gênio de Dante Alighieri foi incapaz de conceber, e, do outro, a inclemência do obsessor, que, irredutível, não se resolvia à renovação de si mesmo para a dupla vitória, sua e da sua vítima, vitória que o Céu contemplaria jubiloso. Muitas vezes, porém, conseguíamos vitória sobre o obsessor. Todavia, o obsidiado, uma vez liberto do algoz, resvalava novamente para a indiferença ou para os excessos de natureza inferior, descurando-se da própria redenção à luz do Evangelho, e era novamente tragado pelas forças inferiores por se afinar intransigentemente com elas. Era, pois, obsidiado porque queria ser. Como bem se percebe, em tais casos não existiriam, certamente, perseguições oriundas de velhos ódios do passado, mas incúria no cumprimento do dever perante a harmonia da Lei divina, pois o obsidiado, possuindo forças mediúnicas acentuadas, atraía para si companhias prejudiciais do mundo invisível por meio do mau proceder diário. Nesses casos não haverá possibilidade de cura porque esta depende da reforma geral do paciente.

Dois exemplos citaremos ainda, ambos colhidos das recordações dos nossos labores mediúnicos. Foram dos mais penosos e bastarão para ilustrar o calvário que o médium palmilha na sua odisseia de intermediário entre as forças de dois mundos.

*

— A jovem Marta G. R. consorciara-se, ao que se dizia, por muito amor, com seu primo P. S. R. Cerca de quinze dias depois do matrimônio, no entanto, a desposada sentiu-se mal, afirmando que um vulto masculino se aproximava dela durante a noite, por meio do sonho, e amarrava-a totalmente, enrolando-a fortemente com cordas, dos ombros aos tornozelos. Impressionava-se muito com tais sonhos e passara a viver assediada por terríveis angústias e pavores. Se a família de Marta procurasse tratá-la pelo psiquismo, logo aos primeiros sintomas do mal, talvez que este pudesse ser remediado a tempo, mas, em vez de encaminhá-la a um Centro Espírita, seu marido levou-a a um consultório médico. O mal progrediu rapidamente, não obstante os medicamentos prescritos, e, dentro em pouco, a pobre senhora tornou-se inteiramente tolhida pelos amarrilhos de cordas. Passou a viver retesada, braços colados ao corpo, endurecidos, como se as cordas invisíveis os tolhessem nos movimentos; nada podia fazer porque — dizia — estava enrolada com as ditas cordas; dificilmente se sentava e caminhava arrastando os pés como se, realmente, os tivesse atados pelos tornozelos, e, para alimentar-se, necessitava que outrem lhe levasse a iguaria à boca. Assim mesmo era que dormia, retesada; para higienizá-la era necessário o concurso de três ou mais pessoas, as quais só com extrema dificuldade o conseguiam. Finalmente, a jovem deixou de falar, tornando-se muda. Então, levaram-na ao Centro Espírita de Lavras, provindos de certa localidade às margens do Rio Grande.

Tratava-se, como bem se percebe, de uma obsessão exercida pela sugestão, ou hipnose, durante o sono, tipo dos mais graves que conhecemos. A obsidiada se entregava, sem tentar reações, pois, com efeito, difícil lhe seria reagir contra uma força maléfica de tal natureza.

Feita a consulta aos assistentes espirituais do núcleo, foi declarado por estes que o mal era incurável, tipo de obsessão odioso, por vingança de ofensas passadas e ciúmes passionais, e que a paciente sucumbiria ao dar à luz, pois se encontrava nos primeiros meses da sua primeira gravidez. Mas que nem por isso a abandonássemos: cumpria assisti-la com um tratamento de passes constantes e instrução evangélica, e que perseverássemos em súplicas pelo obsessor, porque não seria vão o nosso esforço: seria sementeira caridosa para florescências futuras e alívio do presente.

A jovem Marta era órfã de mãe. Bem cedo o marido cansou-se de viver junto da esposa inútil. Desinteressou-se dela e da enfermidade. Restava, porém, o pai, amoroso e cheio de compaixão. Ainda assim, a situação era insustentável e a enferma foi internada em conhecida Casa de Saúde espírita, onde recebeu tratamento médico e espírita adequado, mas em vão.

O obsessor jamais consentiu em algo dizer a nós outros porque tão odiosamente agia. Limitava-se a declarar que a jovem lhe pertencia, que era sua esposa, e não do "outro". Assistia às sessões, apossava-se do médium, era nitidamente visto pelos médiuns videntes, que o distinguiam como varão jovem, elegantemente trajado conforme o início do século passado, com punhos de rendas, mas cujas feições duras denotavam ódio imoderado. Nada houve que o convencesse a nos dirigir a palavra e sugestionava a enferma para que, como ele, se tornasse muda e nada dissesse a respeito do caso. E, com efeito, a paciente sucumbiu na época do seu sucesso. Não havia condições físicas para o nascimento da criança, e, porque se tornasse muda, não foi possível saber o que sentia, tornando assim impossível que tentassem uma operação cesariana.

Piedosos, respeitando o terrível passado espiritual daquela sofredora Marta, os guias espirituais se furtaram às explicações que desejaríamos obter. Aliás, eles somente costumam narrar os grandes dramas, vividos por seus pupilos, em romances ou contos de alta moral. Como o médium, porém, possui poderes vibratórios capazes de captar o noticiário que esvoaça na aura dos Espíritos, seus comunicantes, e como não lhe foi ordenado que guardasse segredo no presente caso, porque a humanidade precisa conhecer essas impressionantes verdades a fim de meditar sobre elas, descobrimos que o móvel da terrível possessão fora o adultério feminino praticado em existência passada, adultério que o esposo ultrajado, amoroso, mas ciumento, não soubera perdoar, e como adultério interpretando também o atual matrimônio de Marta. Por sua vez, esta teria prometido fidelidade ao antigo esposo, no intuito de se livrar da sua perseguição, antes da atual encarnação, ou seja, durante o estágio de ambos na vida espiritual, sem contudo cumprir a promessa por circunstâncias prementes do próprio estado de encarnação, e agora, durante o sono, com a consciência pesada e certa da culpa, entregara-se ao castigo, sem tentar reação. Quanto ao nascituro, que certamente sofreu reflexos vibratórios, parece-nos haver-se complicado em drama do passado, pelo menos assim nos autoriza a crer, em vista de casos congêneres, descritos em obras mediúnicas já do domínio público. Contudo, jamais obtivemos instruções positivas a respeito do mesmo.

Interrogará o leitor: Como tais casos podem acontecer dentro das leis superiores do Amor, estatuídas pelo Ser supremo?

E a resposta virá, simples e concisa: Tudo isso será consequência de infrações às mesmas leis, efeitos lamentáveis de causas lamentáveis, frutos do livre-arbítrio mal orientado de cada um.

Finalmente, registraremos a última ilustração, retratando os terríveis dramas da vida real de que a Terra é cenário, e onde contemplamos "o choro e o ranger de dentes" resultantes dos maus atos por nós praticados.

*

O Rev.ᵐᵒ padre J. era um jovem de 32 primaveras, culto, professor de Latim e Português, orador eloquentíssimo, que arrebatava os fiéis com os seus belos sermões filosóficos e religiosos, e muito estimado pelos amigos e pelos alunos. Certa manhã, porém, na pequena cidade sul-fluminense de cuja paróquia era vigário, e quando se entregava à celebração da missa, abandonou o altar subitamente, e, agitadíssimo, dirigiu-se à sua residência, que ficava próxima à igreja, encaminhou-se ao quintal e, empunhando uma enxada, pôs-se a cavar a terra com sofreguidão. Estranhando o acontecimento, porquanto o sacerdote se encontrava paramentado com as insígnias religiosas, sua mãe aproximou-se dele e interrogou:

— Que fazes, meu filho? Por que estás cavando o chão?

E ele, com a voz emocionada, rouca, os olhos brilhantes, as faces esfogueadas, respondeu laconicamente:

— Aqui há um tesouro enterrado, preciso encontrá-lo...

Alguns dias mais e houve necessidade de interná-lo num hospital de alienados, porquanto sua excitação crescia quando se reconhecia impossibilitado de cavar o chão.

Não acompanhei o tratamento médico do enfermo, visto tal fato se ter passado durante a minha juventude e longe me sentia então de julgar que um dia ainda o descreveria para o público. Não me interessei, pois, pelos acontecimentos, senão relativamente, e por isso não fui jamais informada sobre o diagnóstico feito pelos psiquiatras do hospital. É evidente que no caso existia a chamada "ideia fixa", detalhe, ao que parece, muito grave para a psiquiatria. Sei, no entanto, que o jovem sacerdote esteve hospitalizado durante quatorze anos sem jamais apresentar melhoras, falecendo sem deixar o hospital. Alguns pais de alunos dele, que eram espíritas, recorreram ao Espiritismo, caridosamente algo tentando a favor do amigo. Dez Centros Espíritas se interessaram pelo caso, inclusive o Grêmio Espírita de Beneficência, da Barra do Piraí, e o Centro Espírita de Lavras, onde eu exercia a mediunidade, e em todos eles os guias espirituais desenganaram o enfermo, asseverando-o duplamente atingido, física e espiritualmente, terrível expiação cujos complexos estariam acima da nossa possibilidade de análise, e acrescentando:

— A obsessão possui meandros e complexos que dificilmente o homem compreenderia. A própria evolução geral do paciente engloba-se nela. Sua própria mente nela se emaranha, acomoda-se a ela, sofrendo reflexos incuráveis numa só existência, como intoxicação letal, mesmo que o obsessor se haja retirado. Costuma dilatar-se ao estado espiritual, levando até mesmo séculos a ser completamente dissolvida. Orai pois por ambos, ele e o obsessor, e sabei que, ao reencarnar, o enfermo arrastou consigo a obsessão que, na Terra, somente agora se revelou ostensivamente, quando suas vibrações se encontraram positivamente possessas pelas do obsessor.

Entrementes, o perseguidor apresentava-se facilmente em todos os núcleos espíritas que se dedicavam ao caso, mas nada dizia. Incorporava-se no médium, ouvia o que lhe diziam e silenciava. Esse é o característico dos mais intransigentes obsessores. Aqueles que falam muito, ameaçam e insultam, ou choram e se lamentam, não são os piores. São antes fanfarrões, comediantes, e assim procedem pensando atemorizar ou comover, para melhor enganar. É um característico do desespero de causa em que se encontram. Não assim os que silenciam, porém. Estes estão seguros do que fazem, vêm para cínica e impiedosamente ostentar as próprias forças numa provocação, são orgulhosos e intransigentes no ódio, que denotam até o sacrilégio perante as Leis de Deus. Não se comovem, não se fazem amigos daqueles que pensam em convertê-los, e às vezes são arrastados, pela punição, para as imediações de mundos inferiores, onde fazem estágio para a própria instrução, num supremo ensejo para a reabilitação, regressando depois à Terra para novas tentativas de progresso. Os médiuns videntes distinguiam aquele obsessor facilmente, eu inclusive, e eram concordes ao descrevê-lo, havendo intercâmbio epistolar entre os componentes dos núcleos espíritas, que trabalhavam no caso, a fim de se verificar a concordância das comunicações do mesmo. Tratava-se de um Espírito com aparência perispiritual de um homem de cor parda carregada, usando pequeno bigode e chapéu de palha, grande, como de uso nas lides campestres; roupas pobres, escuras, e deixava transparecer o prazer que sentia em mostrar aos médiuns os dois braços com as mãos decepadas. Nada comoveu esta entidade infeliz, cujo endurecimento foi penoso e apavorante para quantos se interessaram por ela. Não obstante, jamais prejudicou a qualquer de nós outros. Depois de comparecer a várias sessões em todos aqueles núcleos de trabalhos espíritas, despediu-se afirmando que não mais voltaria, e então disse o seguinte, usando expressões quase totalmente idênticas:

— Vocês são uns néscios e eu os desprezo! Não compreenderam ainda que o Sr. padre J. é o mais feliz dos mortais? Ele possui agora o que sempre ambicionou, desde os tempos passados. Faço-o crer que vive em cavernas de ouro, de diamantes, de esmeraldas, de rubins, e que tudo lhe pertence, como se ele fora um rajá das 'Mil e uma noites...' e obrigo-o a cavar o solo para descobrir outras tantas cavernas... Outrora ele não nos obrigava ao trabalho forçado da enxada, para adquirir ouro, sempre ouro? Agora ele é meu, pertence-me como outrora eu lhe pertenci, comprei-o com a minha vida, que foi despedaçada por ele... Tenho poderes sobre ele e dele farei o que entender. Veem vocês estes meus braços de mãos decepadas? Foi ele que as mandou decepar a machado. Não odiei o carrasco que mas decepou, porque era escravo como eu e teve de obedecer às ordens recebidas. Fui escravo dele, sim! Era eu o pajem de confiança da família. Um dia desapareceu do cofre da Fazenda uma quantia vultosa. Quem a teria roubado? Eu, pelo menos, nunca o soube; mas ele me acusou e eu estava inocente. E porque eu não confessasse, mandou decepar-me as mãos para eu não tornar a roubar. Desesperado de dor e de vergonha, matei-me, atirando-me ao açude, mas nunca mais o abandonei. Já ouviram vocês falar em Inquisição? Pois isso era Inquisição! E ele era, então, inquisidor de todos nós, os escravos. Tenho sido a sombra dele desde aqueles velhos tempos. Quando ele morreu, logo depois, ao me encontrar no seu caminho, sentiu tal pavor da minha presença que desejou voltar depressa para a Terra e dedicar-se à religião, como defesa, mas nada adiantou: eu não quero que ele seja religioso, quero que seja rico! Ele queria ouro, ouro e ouro, e por isso sacrificava os escravos na impiedade da enxada e do chicote. Pois aí está o ouro, ele agora o tem...

— Não crês tu em Deus, porventura, meu irmão, e não temes, então, as consequências de tal ódio para ti mesmo, quando as Leis divinas mandam perdoar as ofensas e amar o próximo? Não tens coração? Não sabes que o padre J. era o arrimo de sua velha mãe e de sua irmã solteira? Não desejas então a felicidade para ti mesmo, conquistando-a com o sacrifício do teu desejo de vingança? Experimenta o perdão e o esquecimento, eu te peço, por Deus! para que o teu coração sinta alívio nos sofrimentos que há tanto tempo suporta. Enquanto permaneceres acastelado nesse ódio, serás desgraçado. Experimenta o perdão pelo amor de Deus, e verás como tudo se transformará ao redor de ti... — aconselhou o diretor dos trabalhos, no Centro Espírita de Lavras, Sr. A. P.

— O Sr. está enganado, eu não preciso nem quero transformações em meu modo de existir, e nem me sinto desgraçado. Que tenho eu com a mãe dele? Acaso ele se condoeu da minha, ao obrigá-la ao serviço da enxada, quando era velha e exausta dos sofrimentos? Por que hei de perdoar? Fui educado por ele, e o Deus que ele me fez conhecer não é esse a que o senhor se refere, é o ódio e o crime. Ele acaso possuía coração para me ensinar a possuí-lo? E como hei de amar, se com ele somente aprendi a odiar?...

E, com efeito, a partir dessa data nunca mais apareceu em nosso agrupamento e tampouco nos demais.

Entretanto, o infeliz obsidiado, na impossibilidade de obter uma enxada no manicômio, cavava o chão com as próprias unhas, cavava as lajes do pátio e até os azulejos da cela, até que os dedos sangrassem e se deformassem, e só se acalmava quando lhe ofereciam montões de pedras, nas quais supunha ver tesouros de pedras preciosas. Mantinha-se frequentemente desnudo ou maltrapilho qual mendigo, pois estraçalhava as próprias roupas, e tomava os alimentos despejando-os na boca com o próprio prato, que havia de ser de folha, para não se quebrar diariamente. Semelhante inferno, conforme ficou dito para trás, teve a duração de quatorze anos, durante os quais não reconheceu sequer a própria mãe, que o visitava banhada em lágrimas, nem um único amigo, totalmente modificada que ficara a sua personalidade.

Não obstante, é possível que a versão do obsessor, para se desculpar, fosse falseada. Os guias espirituais nada esclareceram sobre o assunto e a nós outros cumpria a discrição ante o silêncio deles. Entidades obsessoras, como a que acabamos de apresentar, são comumente hipócritas e mentirosas, dramáticas, teatrais, piegas, criando, às vezes, romances pavorosos onde sempre figuram como vítimas. Nunca se humilham a reconhecer que também erraram. O experimentador prudente deve estar sempre prevenido contra suas narrativas, nada aceitando cegamente. Por sua vez, os instrutores espirituais são discretos e nem sempre esmiúçam o doloroso passado daquelas personagens — obsessores e obsidiados — senão por obras literárias instrutivas, para exemplo à coletividade, e convém não ousar interrogá-los a tal respeito, a fim de não incorrermos na indisciplina, dando margem ao advento da mistificação. Aliás, ensinam os dispositivos da fraternidade que procuremos socorrer os que sofrem e auxiliar os que erram, a se reabilitarem, sem a curiosidade de lhes penetrar o passado. Este virá a seu tempo, na obra espírita, como instrução e exemplo para nossa própria reeducação. O obsessor do Rev.^{mo} padre J., pois, poderia ter falseado a verdade ao narrar o drama pavoroso do próprio passado. No entanto, quem estiver devidamente informado sobre a barbárie dos tempos da escravatura no Brasil — detalhe da própria Inquisição — não descrerá totalmente da narrativa, que era feita com acento veemente de amargura em todos os agrupamentos espíritas que se interessavam pelo caso. E a verdade era que, por toda parte em que se apresentava, os médiuns videntes lhe observavam os braços com as mãos decepadas.

De tudo quanto aqui registramos, deduziremos, portanto, a grande responsabilidade que pesa sobre os ombros do espírita, pois, se tais deveres nos são confiados pelo Consolador é porque temos possibilidade de cumpri-los, desde que fielmente nos dediquemos aos melindrosos certames do setor transcendental, pois que ele, o Consolador, nos fornece as credenciais para tanto. Muitas das curas obtidas por meio da mediunidade surpreendem até os que para elas concorreram: chegam a ignorar quando e como a cura foi realizada, fato significativo, indicando que somos todos meros instrumentos dos guias espirituais, sem razões, portanto, para a vanglória de nos considerarmos autores das mesmas. De qualquer forma, não será meditação ociosa lembrar ainda uma vez as condições mais urgentes para prevenir o flagelo da obsessão ou para remediá-lo, em nós próprios ou no próximo, porquanto o trabalho é espinhoso, requerendo a máxima atenção nos seus pormenores, por parte daquele que em inspirada hora se dedica à edificante especialidade:

1 – Ascendência de médiuns e doutrinadores (diretores de sessões práticas) sobre o obsessor e o obsidiado, o que implica estado de superioridade moral dos mesmos operadores, atraindo a benemérita assistência da Espiritualidade superior.

2 – Conhecimento pleno, senão profundo, da causa que defendem, com observação atenta das diferentes obsessões, visto que a obsessão é, por vezes, desorientador complexo, e absoluta certeza da assistência de guias espirituais autênticos durante o certame.

3 – Absoluta coragem — a coragem da fé — para enfrentar o obsessor e também o obsidiado, que poderá ser tão rebelde e endurecido quanto o primeiro, e vencê-los com as armas da fraternidade e do amor, sem se acovardar ante suas investidas, usando energia quando necessário, energia que o amor inspira, e não a violência ou o orgulho.

4 – Humildade perante si próprio e as Leis divinas, certificando-se de que as vitórias conseguidas no importante setor pertencem a Jesus, Mestre e reeducador dos homens e dos Espíritos, e não a nós, que nada representamos senão antigos obsessores e delinquentes, que agora resgatam vergonhoso passado por meio do amor e do trabalho; oração, vigilância, dedicação ilimitada ao compromisso firmado, esforçando-se por manter equilibrada a harmonização vibratória com os Espíritos protetores que acionam os trabalhos, jamais esquecendo que, se assim não for, o obsessor poderá tentar investir contra eles mesmos, durante o sono de cada noite, e será necessário conservar defesas que o desarmem. E lembrar, outrossim, que a mediunidade é dom sagrado, posto de abnegação e sacrifício a serviço dos desígnios de Deus para com a humanidade.

5 – O ambiente da agremiação onde tais trabalhos forem realizados deverá ser resguardado de tumultos de qualquer natureza ou de outras tantas operosidades que não sejam os serviços doutrinários, visto que a transcendência, o imperativo dos trabalhos para curas de obsessão requerem pureza de vibrações e harmonias fluídicas que reajam

favoravelmente sobre os figurantes do certame, inclusive os próprios guias espirituais, que se afastam dos meios que se desviem das normas estatuídas pela Doutrina. Semelhantes operosidades são próprias de templos de ciência e de fé e não poderão ser bem-sucedidas se as levarmos a efeito indiferentes à grande responsabilidade assumida.

6 – Não convirá ao obsidiado assistir às sessões realizadas em seu benefício durante o estado agudo do mal, nem o obsessor deverá ser doutrinado por seu intermédio. Outro médium, assaz desenvolvido e bem assistido espiritualmente, intervirá com a boa vontade de servir, recebendo mediunicamente o obsessor a fim de que seja aconselhado. O obsidiado, afeito às vibrações dominantes do seu opositor, não estará em condições de se prestar à comunicação normal necessária, é antes um enfermo necessitado de tratamento, e não um médium, propriamente. O fenômeno da passagem do malfeitor desencarnado para outro médium poderá ser provocado, caso não se revele espontâneo, seja por uma ordem dos tutelares espirituais que orientam os trabalhos, seja pela atração magnética do diretor dos mesmos, o qual aporá as mãos sobre o obsidiado e o médium disponível, simultaneamente, não sendo, contudo, indispensável tal atitude.

7 – Será necessário que os responsáveis pelos citados trabalhos orem e vigiem a cada passo, procedendo no lar e na sociedade como procedem no seu núcleo espírita, ou seja, de acordo com os quesitos que a Doutrina Espírita estabelece como norma moral para seus adeptos, visto que passarão a servir de padrão e exemplo para a emenda dos obsessores; estes prestarão atenção em suas normas de vida diária e somente os respeitarão se neles encontrarem superioridade moral.

8 – O obsidiado, se não procurar renovar-se diariamente, num trabalho perseverante de autodomínio ou autoeducação, progredindo em moral e edificação espiritual, jamais deixará de se sentir obsidiado, ainda que o seu primitivo obsessor se regenere. Sua renovação moral, portanto, será a principal terapêutica, nos casos em que ele possa agir.

9 – Se um médium não se conduzir convenientemente perante a Doutrina, ou por qualquer outra circunstância demonstrar sinais de domínio de um obsessor, *será indispensável que suspenda qualquer labor mediúnico*, visto que já não poderá inspirar confiança as comunicações que receber e se poderá também prejudicar grandemente, dando ensejes à solidificação da obsessão. Nesse caso, deverá ser rigorosamente tratado pelos companheiros e por um médico, porquanto poderá encontrar-se esgotado nas suas forças vitais e nervosas, estado favorável ao prosseguimento do mal, que se alastrará também pelo aspecto físico e mental.

10 – A mesma recomendação acima (9) se aplicará aos médiuns mistificados, pois que a mistificação persistente é o primeiro grau da obsessão. Nos casos do chamado *animismo* (automatismo mental), será conveniente que se afaste das sessões práticas e se dedique a estágios em setores diferentes, onde poderá ser aproveitável.

A seara divina é extensa e fecunda, e em qualquer situação serviremos ao Bem e à Verdade, se realmente houver o desejo de servir, e não somente no campo mediúnico. Muitos supostos médiuns, emaranhados nos complexos do animismo, uma vez afastados ou corrigidos das pretensões mediúnicas, têm conseguido equilibrar-se em outros setores, então realmente servindo à Doutrina Espírita e ao próximo. O automatismo mental, ou seja, o animismo, é a obsessão da própria mente e poderá ocasionar consequências desagradáveis para quem a cultiva.

Lembremo-nos de que o grande Paulo de Tarso, um dos maiores médiuns que o Cristianismo produziu, antes de se tornar o esteio do Cristianismo nascente recolheu-se ao deserto a fim de fazer a sua iniciação, num espaço de três longos anos. E o mesmo fizeram os demais médiuns do passado, isto é, os profetas e os grandes iniciados.

Tenhamos, portanto, idênticas atitudes se nos desejarmos transformar em obreiros seguros e fiéis da Doutrina dos Espíritos, capazes de vencer os terríveis complexos geradores da obsessão.

RECORDAÇÕES DA MEDIUNIDADE

ED.	IMP.	ANO	TIRAGEM	FORMATO
1	1	1968	10.073	13,5X18
2	1	1976	10.200	13x18
3	1	1978	10.200	13x18
4	1	1984	5.100	13x18
5	1	1987	10.200	13x18
6	1	1989	15.000	13x18
7	1	1992	15.000	13x18
8	1	1998	5.000	13x18
9	1	2000	3.000	13x18
10	1	2002	3.000	13x18
11	1	2004	2.000	14x21
11	2	2006	1.000	14x21
11	3	2006	2.000	14x21
11	4	2008	2.000	14x21
11	5	2009	2.000	14x21
11	6	2010	2.000	14x21
11	7	2011	2.000	14x21
11	8	2012	500	14x21
12	1	2013	3.000	14x21
12	2	2013	3.000	16x23
12	3	2015	1.000	16x23
12	4	2015	1.000	16X23
12	5	2016	2.000	16x23
12	6	2017	3.000	16x23
12	7	2018	1.100	16x23
12	8	2019	1.000	16x23
12	9	2021	1.300	16x23
12	10	2022	1.200	15,5x23
12	11	2023	5.000	15,5x23
12	12	2024	2.000	15,5x23

O QUE É ESPIRITISMO?

O Espiritismo é um conjunto de princípios e leis revelados por Espíritos Superiores ao educador francês Allan Kardec, que compilou o material em cinco obras que ficariam conhecidas posteriormente como a Codificação: *O livro dos espíritos, O livro dos médiuns, O evangelho segundo o espiritismo, O céu e o inferno* e *A gênese*.

Como uma nova ciência, o Espiritismo veio apresentar à Humanidade, com provas indiscutíveis, a existência e a natureza do Mundo Espiritual, além de suas relações com o mundo físico. A partir dessas evidências, o Mundo Espiritual deixa de ser algo sobrenatural e passa a ser considerado como inesgotável força da Natureza, fonte viva de inúmeros fenômenos até hoje incompreendidos e, por esse motivo, são tidos como fantasiosos e extraordinários.

Jesus Cristo ressaltou a relação entre homem e Espírito por várias vezes durante sua jornada na Terra, e talvez alguns de seus ensinamentos pareçam incompreensíveis ou sejam erroneamente interpretados por não se perceber essa associação. O Espiritismo surge então como uma chave, que esclarece e explica as palavras do Mestre.

A Doutrina Espírita revela novos e profundos conceitos sobre Deus, o Universo, a Humanidade, os Espíritos e as leis que regem a vida. Ela merece ser estudada, analisada e praticada todos os dias de nossa existência, pois o seu valioso conteúdo servirá de grande impulso à nossa evolução.

O EVANGELHO NO LAR

Quando o ensinamento do Mestre vibra entre quatro paredes de um templo doméstico, os pequeninos sacrifícios tecem a felicidade comum.[1]

Quando entendemos a importância do estudo do Evangelho de Jesus, como diretriz ao aprimoramento moral, compreendemos que o primeiro local para esse estudo e vivência de seus ensinos é o próprio lar.

É no reduto doméstico, assim como fazia Jesus, no lar que o acolhia, a casa de Pedro, que as primeiras lições do Evangelho devem ser lidas, sentidas e vivenciadas.

O espírita compreende que sua missão no mundo principia no reduto doméstico, em sua casa, por meio do estudo do Evangelho de Jesus no Lar.

Então, como fazer?

Converse com todos que residem com você sobre a importância desse estudo, para que, em família, possam compreender melhor os ensinamentos cristãos, a partir de um momento de união fraterna, que se desenvolverá de maneira harmônica e respeitosa. Explique que as reflexões conjuntas acerca do Evangelho permitirão manter o ambiente da casa espiritualmente saneado, por meio de sentimentos e pensamentos elevados, favorecendo a presença e a influência de Mensageiros do Bem; explique, também, que esse momento facilitará, em sua residência, a recepção do amparo espiritual, já que auxilia na manutenção de elevado padrão vibratório no ambiente e em cada um que ali vive.

Convide sua família, quem mora com você, para participar. Se mora sozinho, defina para você esse momento precioso de estudo e reflexões. Lembre-se de que, espiritualmente, sempre estamos acompanhados.

Escolha, na semana, um dia e horário em que todos possam estar presentes.

O tempo médio para a realização do Evangelho no Lar costuma ser de trinta minutos.

---

[1] XAVIER, Francisco Cândido. Luz no lar. Por Espíritos diversos. 12. ed., 7. imp. Brasília: FEB, 2018. Cap. 1.

As crianças são bem-vindas e, se houver visitantes em casa, eles também podem ser convidados a participar. Se não forem espíritas, apenas explique a eles a finalidade e importância daquele momento.

O seguinte roteiro pode ser utilizado como sugestão:

1. Preparação: Leitura de mensagem breve, sem comentários;
2. Início: Prece simples e espontânea;
3. Leitura: O evangelho segundo o espiritismo (um ou dois itens, por estudo, desde o prefácio);
4. Comentários: breves, com a participação dos presentes, evidenciando o ensino moral aplicado às situações do dia a dia;
5. Vibrações: pela fraternidade, paz e pelo equilíbrio entre os povos; pelos governantes; pela vivência do Evangelho de Jesus em todos os lares; pelo próprio lar...
6. Pedidos: por amigos, parentes, pessoas que estão necessitando de ajuda...
7. Encerramento: prece simples, sincera, agradecendo a Deus, a Jesus, aos amigos espirituais.

As seguintes obras podem ser utilizadas nesse momento tão especial:

- O evangelho segundo o espiritismo, como obra básica;
- Caminho, verdade e vida; Pão nosso; Vinha de luz; Fonte viva; Agenda cristã.

Esse momento no lar não se trata de reunião mediúnica e, portanto, qualquer ideia advinda pela via da intuição deve permanecer como comentário geral, a ser dito de maneira simples, no momento oportuno.

No estudo do Evangelho de Jesus no Lar, a fé e a perseverança são diretrizes ao aprimoramento moral de todos os envolvidos.

FEB editora
Livro espírita para um novo mundo
www.febeditora.com.br
@febeditoraoficial
@febeditora

Conselho Editorial:
Jorge Godinho Barreto Nery - Presidente
Geraldo Campetti Sobrinho - Coord. Editorial
Cirne Ferreira de Araújo
Evandro Noleto Bezerra
Maria de Lourdes Pereira de Oliveira
Marta Antunes de Oliveira de Moura
Miriam Lúcia Herrera Masotti Dusi

Produção Editorial:
Elizabete de Jesus Moreira

Revisão:
Neryanne Paiva

Capa, Projeto gráfico e Diagramação:
Ingrid Saori Furuta

Foto de Capa:
Anegada | istockphoto.com

Normalização Técnica:
Biblioteca de Obras Raras e Documentos Patrimoniais do Livro

Esta edição foi impressa pela Editora Vozes Ltda., Petrópolis, RJ, com tiragem de 2 mil exemplares, todos em formato fechado de 155x230 mm e com mancha de 116,4x180 mm. Os papéis utilizados foram o Off white slim 65 g/m² para o miolo e o Cartão 250 g/m² para a capa. O texto principal foi composto em fonte Minion Pro 11,5/15,2 e os títulos em Filosofia Grand Caps 24/30. Impresso no Brasil. *Presita en Brazilo.*